东线炼狱

德国反坦克兵的东线日记
（1941年—1942年）

[德] 汉斯·罗特（Hans Roth）著

[德] 克里斯蒂娜·亚历山大（Christine Alexander）

[德] 梅森·孔泽（Mason Kunze）编

冬初阳 译

台海出版社

图书在版编目（CIP）数据

东线炼狱：德国反坦克兵的东线日记：1941—1942/
（德）汉斯·罗特著；（德）克里斯蒂娜·亚历山大，
（德）梅森·孔泽编；冬初阳译 . -- 北京：台海出版社，
2024.2

ISBN 978-7-5168-3784-9

Ⅰ.①东… Ⅱ.①汉… ②克… ③梅… ④冬… Ⅲ.
①第二次世界大战－装甲兵部队－军事史－德国－ 1941-
1942 Ⅳ.① E516.92

中国国家版本馆 CIP 数据核字 (2024) 第 026574 号

东线炼狱：德国反坦克兵的东线日记（1941 年—1942 年）

著　　者：[德]汉斯·罗特（Hans Roth）　　　　译　　者：冬初阳
编　　者：[德]克里斯蒂娜·亚历山大（Christine Alexander）、[德]梅森·孔泽（Mason Kunze）

出 版 人：蔡　旭　　　　　　　　　　　　　责任编辑：戴　晨
装帧设计：周　杰　　　　　　　　　　　　　策划编辑：郭丽娅

出版发行：台海出版社
地　　址：北京市东城区景山东街 20 号　　　邮政编码：100009
电　　话：010 － 64041652（发行，邮购）
传　　真：010 － 84045799（总编室）
网　　址：www.taimeng.org.cn/thcbs/default.htm
E－mail：thcbs@126.com

经　　销：全国各地新华书店
印　　刷：重庆长虹印务有限公司
本书如有破损、缺页、装订错误，请与本社联系调换

开　　本：787毫米×1092毫米　　　　　1/16
字　　数：140千　　　　　　　　　　　印　　张：12
版　　次：2024年2月第1版　　　　　　印　　次：2024年2月第1次印刷
书　　号：ISBN 978-7-5168-3784-9

定　　价：79.80元

献词

谨以本书献给我的外祖父汉斯·罗特（Hans Roth）——在一场骇人的战争中，他认为有必要给那些永远没有机会与他见面的人留下遗赠。多亏他遗留的日记，他的孩子、孙辈和其他后裔才有机会一窥这个男人的一生。对此，我真的感激不尽。

希望这些日记能促使读者去思考，自己如何也能为后人留下遗赠。

妈妈……愿您有朝一日可以在这本书中读到您父亲的文字，愿它带给您一种深沉的平静，从而让您的内心得以完整。在您的孩子马克、梅森和我看来，您是最出色的母亲。我们爱您胜过千言万语。

阿凡娜·富勒顿（Avana Fullerton）和马修·富勒顿（Matthew Fullerton），愿这本书中的文字能让你们得到与外曾祖父联系的纽带。我深爱着你们俩，为你们感到骄傲。愿你们继承这份宝贵的遗赠，将这本书传给你们的后辈。泰勒·亚历山大（Taylor Alexander）、乔丹·亚历山大（Jordan Alexander）和惠特尼·亚历山大（Whitney Alexander），语言无法表达我与你们共同生活的欢乐。我爱你们。愿上帝继续保佑我们的共同生活。

弗兰克·亚历山大（Frank Alexander），我的丈夫，我的梦中情人——你让我心醉神迷。我爱你！谢谢你将日记的所有页面整理有序。

特别致谢：

杰夫·罗杰斯（Jeff Rogers），你对日记进行了深入研究，为我们提供了将本书汇集成册的宝贵信息。杰夫，你阅读这些日记，帮助我们将本书整理好，付出了大量时间和热情，在此我向你致以十二分的谢意。

扬·格里克（Jan Goerike）和阿达·格里克（Ada Goerike），你们将日记从德语译成英语，感谢你们的辛勤工作。

我们也特别感激瑞典的霍坎·亨里克松（Håkan Henriksson）和 wwiiphotos-maps.com 的约翰·卡尔文（John Calvin），你们提供了专业而慷慨的协助，提供了更多照片，用于阐释汉斯·罗特在战争期间走过的路和各种经历。

最后尤其要提及的是，感谢我们在二战论坛（www.ww2f.com）的特殊朋友卡尔·埃文斯（Carl Evans）、埃里克·布朗（Eric Brown）、克里斯托弗·詹森（Christopher Jensen）、斯拉瓦·古尔吉（Slava Gurdzhi）和戴维·米切尔（David Mitchell），你们非常乐意与我们分享关于第二次世界大战的知识，帮助我们理解一些文字的意义和信息，使我们对外祖父经历过的历次事件有了更为深入的认识。

克里斯蒂娜·亚历山大（汉斯·罗特的外孙女）

序

战争故事一直深深吸引着我。小时候，我会在电视机前一坐就是几个小时，完全沉浸在第一次世界大战和第二次世界大战的黑白画面里。我将《虎！虎！虎！》和《纳瓦隆大炮》看了有一百遍了——永远都看不够。

然而我万万没想到，一份任何电影或视频都不能够相比的第二次世界大战的一手资料，就在我自己家中蒙尘。这份资料存放在家中30年后，直到我帮助母亲搬家时，才发现了这份隐藏的宝物。

我的母亲是在20世纪30年代至20世纪40年代长大的，她一直不愿意对我、我的兄弟和妹妹讲述她在战时德国的童年岁月。

她在将这三本日记完好无损地交给我的时候，怀有同样的忧虑。她告诉我那是我的外祖父的私人日记。这些日记用德语写成，我看不懂，所以我尽快翻译了前五页。我迫不及待地想看看这些日记的内容，结果简直令人惊叹。

甚至连一位以德语为母语的译者在翻译了仅仅数页后就为之惊诧。

我拥有这样一份第一手资料，包含暴行、屠杀和死亡，也包含有朝一日生活会回到战前模样的希望。

这不仅仅是一位东线第一线德军士兵的文字，这也是我的外祖父汉斯·罗特的文字。一位我除了通过他日记的内容，永远都不会有幸了解的外祖父。

汉斯·罗特应征参加德国陆军时30出头，之前他的生活就是一个青年男子所梦寐以求的一切。他事业有成，是法兰克福市中心一家平面设计事务所的老板，是一位可爱妻子的丈夫，也是一个漂亮可爱的5岁女儿埃丽卡（Erika）的父亲。

就像战争中的许多德国妇女那样，他的妻子，我的外祖母被强制在一家弹药厂工作。她们有时被留在工厂里好几天，于是孩子们都被独自留在家里自食其力。红十字会将我的母亲和其他孩子带到一座大农场，有一家人在农场照顾他们。

我耗去五年多的时间，与多位译者一同翻译了这三本日记的内容。

有一位译者在退出这个翻译项目之前只能勉强译完她负责的一小部分内容。她对我说，这些日记太过生动，令她太动情，因此她无法继续翻译。

不久后，我发现母亲并没有阅读过大部分日记。这是她父亲的文字，一个她从未真正有机会去了解的父亲。

她对父亲仅有的记忆，是在她入睡时有一个身影俯身亲吻她，低声耳语道："再见，亲爱的埃丽卡。"然后他离家去打仗了。

对母亲来说，阅读这些日记意味着与她从未见过的父亲相会，也意味着重新唤起没有父亲陪伴的悲伤和痛苦。

直到今天，她还是选择不读这些日记。

梅森·孔泽（汉斯·罗特的外孙）

前言

　　第二次世界大战期间，德军入侵苏联，酿成了史上规模最大、最为血腥的陆战。其庞大的军队——入侵伊始，至少有700万人卷入——数千辆坦克和飞机在一望无垠的东欧大草原上绵延不绝。正如一帧电视画面是由数百万的点组成的那样，这场战事的大规模野蛮行径是数百万个人不计其数的暴行的产物。然而，关于这场陆战的详细回忆录是罕见的：很少有参战人员尝试详细记录自己的经历，也很少有人活得足够长久来做这件事。

　　汉斯·罗特耗费时间留下了他在德国国防军服役情况的记录，当时他参加了二战东线战场标志性的几次最激烈的战役。他对战时情况的了解，让人们能对德军士兵在一场孤注一掷的战争中的日常生活惊鸿一瞥。

　　汉斯·罗特爱他的妻子和女儿，自从他应召加入国防军，在第299步兵师反坦克（Panzerjäger）营服役以后，就很少见到女儿了。他在日记中经常会流露对家庭的爱，他渴望见到家人，在字里行间经常会提起他们。虽然汉斯尽可能地经常写信回家（他在日记中一直提到这些信），但我不得不怀疑他在这些信件中隐瞒了他所经历的大部分恐怖事件，而将这些恐怖经历都留在了他私人保存的详细日记之中。

　　汉斯的故事始于1941年春末，当时隶属德军第6集团军的第299步兵师在准备入侵苏联。随着"巴巴罗萨"行动的展开，第299步兵师发现自己陷入了普里皮亚季沼泽（Pripyat Marshes）南面的绝望战斗。罗特目睹德苏两国军队对人命的消耗。同年夏，他参加了基辅包围圈的歼灭战，第299步兵师也成为首批进入乌克兰首府的德军部队之一。一个酷寒的冬季之后，他和所在师的官兵负责支撑第6集团军的北侧前部，当时第6集团军向斯大林格勒（Stalingrad）进发，被困在了这场绝望的战斗中。红军大举发动反攻，将第6集团军围困在伏尔加河（Volga）畔时，第299师和汉斯·罗特处于苏军钳形包围圈的外侧。随着苏军重锤继续打击，罗特目睹了北翼的意大利第8集团军、匈牙利第2集团军和罗马尼亚第3集团军的崩溃，当时这几个集团军的官兵在乡野间逐渐被歼灭。第6集团军在斯大林格勒被歼灭后，他所在的师最终转隶第2集团军，然后是第2装甲集群，该部正在设法守住中央集团军群的南翼。后来，他参加了哈尔科夫（Kharkov）、沃罗涅日（Voronezh）和奥廖尔（Orel）突出部的几次激战，同时详细描述了东线战场上典型的可怕战斗。

罗特先是二等兵（Gefreiter），后来晋升上士（Feldwebel），他叙述德军历次战事的文字中，对自己周围的环境着墨颇多，书写了许多关于乌克兰人民和俄罗斯人民的故事，包括他们的苦难，对比了他们的生活和他所知的战前生活的差异。起初，他们的生活对他来说似乎很陌生，但是在他们中间生活了近两年后，他逐渐习惯了他们的田园生活方式。他目睹了对被俘游击队员的就地处决，对他们的死亡表达了些许自责，但是他也完全明白，战争的本质意味着同一批游击队员可能会杀死他本人。

虽然罗特的战争日记缺乏后来出版的个人传记的文笔润色，但它的优点在于，它是在事件发生的同时写成的，而不是在战争结束后写成的，战后人们的记忆有可能会被后来的经历弄糊涂，回忆也会被这些经历改变。这是罗特日记的优势所在，因为他的思路没有被改变；日记记录的了无修饰的事件没有变质去适应后来的感受。

汉斯·罗特最终在中央集团军群覆灭的血肉熔炉中消失。1944年夏，他与家人失去联系时，无疑正在写第四本日记。他完成的三本日记在家中被妥善保管，最后一本日记写到1943年7月结束。除了家书中的内容外，人们对他在1943年7月以后的服役经历所知甚少，但是家书并不像他的日记那样记录战争的恐怖。汉斯·罗特的坟墓所在地未知。

无论如何，他保存的日记成为他和数百万军人的纪念，他们的生命在一场远离家乡的战争中可怕地终结了。

杰弗里·W. 罗杰斯（Jeffery W. Rogers）

目 录 *CONTENTS*

献词 I

序 III

前言 V

日记一："巴巴罗萨"行动与基辅战役 01

日记二：向东进军与 1941—1942 年的冬天 65

日记三：前线作战与斯大林格勒战役后的撤退 127

篇末文档 176

深入阅读 178

"巴巴罗萨"行动与基辅战役

编者注：

在汉斯·罗特的第一本日记中，他在维利·莫泽（Willi Moser）中将指挥的第299步兵师服役，这个师在波兰的布格河（Bug River）畔待命，等候"巴巴罗萨"行动，即德国对苏联的大举突袭行动发动。这个步兵师隶属于瓦尔特·冯·赖歇瑙（Walter von Reichenau）的第6集团军，该部将会组成格尔德·冯·伦德施泰特（Gerd von Rundstedt）元帅麾下南方集团军群的左翼。

德军已经部署了三个集团军群：北方集团军群，最终目标是列宁格勒（Leningrad）；中央集团军群，目标直指莫斯科；南方集团军群，首要目标是基辅，然后是其后的各工业区。北方集团军群有一个装甲集群，该部得临近波罗的海的地利之助，分割包围了北方的苏军各部。中央集团军群有两个装甲集群，两翼各部署一个，在布列斯特—立陶夫斯克（Brest-Litovsk）、明斯克和斯摩棱斯克（Smolensk）进行了一系列令人印象深刻的包围战，在数周时间内将集团军群推进至莫斯科的中途。

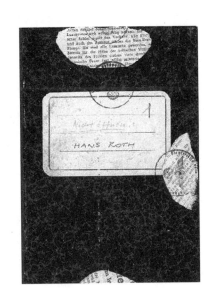

然而，德军最高统帅部低估了南方集团军群遇到的挑战，因为该部只有一个装甲集

群，却要负责在广袤大地上作战，没有任何天然屏障可以阻挡敌军集中兵力。此外，谢苗·布琼尼（Semen Budenny）元帅指挥的苏军南方部队是苏联各战区规模最大的部队，不计预备队兵力就超过百万之众。在整条战线上，德军都因苏军的火炮、坦克和飞机的数量吃了一惊，这些武器装备的数量远超过战前的估计，苏军的激烈抵抗同样令德军震惊。南方战线的情况尤其如此。

结果，虽然北方集团军群和中央集团军群迅速取得了惊人进展，但南方集团军群发现自己与布琼尼指挥的部队陷入了苦战。冯·克莱斯特（von Kleist）指挥的第1装甲集群无法靠自身的兵力实施有效的包围作战，就连广阔的大草原都削弱了他们的战斗力。"巴巴罗萨"行动在南方的最初阶段主要依靠各步兵师进行，这些步兵师在敌境逐渐展开，他们面前的苏军优势兵力的数量如滚雪球般迅速增加，直到德军最终到达基辅城前，那里重现了第一次世界大战的堑壕战场面。

赖歇瑙的第6集团军是德军在南方推进的主要力量，到了7月，最高统帅部决定让该部与第17集团军一起使用装甲兵，在乌曼（Uman）对苏军的一个突出部阵地实施辅助性质的包围战。乌曼战役在8月8日顺利结束，俘虏超过10万人，此役

◀ 汉斯·罗特二等兵
（照片由克里斯蒂娜·亚历山大和梅森·孔泽提供）

切断了布琼尼的部队，打开了向第聂伯河（Dniepr）下游附近和黑海继续推进的门户，包括通往克里米亚（Crimea）的入口。

与此同时，第6集团军经科罗斯坚（Korosten）、日托米尔（Zhitomir）和其他城镇一路转战，挺进基辅郊区，他们在那里与苏军西南方面军陷入了名副其实的死战，西南方面军的兵力和火力都比德军强大得多。虽然讲述 "巴巴罗萨" 行动初始阶段的大部分文献都描述了德军各装甲师的惊人进展，但罗特描绘的第6集团军所辖各步兵师在等待他们的统帅部为最初的误判制定解决方案期间，所承受的则是十足的地狱。

在下文根据作者手迹翻译的日记中，为了文意的清晰起见，偶尔增加了标点符号和段落分隔符。对某些习语或技术类引文，在可能的情况下（在括号内）添加了注释。配给日记的标题是编者所加，并非原文的一部分。

（日记第一页）

　　我们即将再度被部署到另一项艰难的任务中。我希望接下来的内容会成为我的日记。在日记中，我将如实叙述日常发生的事件，不加任何修饰。我仍不被允许给妻子写这样的事情，但是今后会告诉她。

1941年6月12日，波兰瓦斯库夫（Łasków）

1941年6月12日： 经过几天极其疲惫的旅程，我们抵达距离苏联边境约8千米的瓦斯库夫（波兰）。我们从大克雄日（Książ Wielki）经奥帕图夫（Opatów）、卢布林—克拉斯内斯塔夫—扎莫希奇—赫鲁别舒夫（Lublin-Krasnystaw-Zamosc-Hrubieszów）行军，来到现在的位置。灰尘和炎热都太可怕了。

瓦斯库夫不过是一个带着明显乌克兰风情的小镇，居民友好而整洁。房子都是茅草屋顶的小平房，由于木材和稻草是最常见的建筑材料，所以谷仓和房屋都是用手编的柳木建成的。房间小而舒适，烤炉、墙壁和天花板通常都粉刷成白色或是浅蓝色，用编织的草席和美丽的当地花卉装饰。充满生气的刺绣枕头和色彩鲜艳的窗帘在狭小的房间里营造出温馨而朴素的氛围。我们在谷仓里搭起了帐篷，享受一些应得的和谐与宁静。

6月13日： 驱车前往扎莫希奇是为了在阵地就位。这个城镇的市场非常美丽。镇政厅和城中心的富丽的巴洛克式外观，我虽然并不熟悉，但看来令人愉快。真是美妙的样式！沿途随处可见带洋葱式圆顶的俄式教堂。路标和店招大多是双语的——德语和乌克兰语。

6月14日： 接到前往布格河的命令。负责侦察的部队已经在那里就位，我们奉命安排观察敌军阵地的具体细节。在我去那里的路上，几个工程和支援单位正在年久失修的公路上紧张工作，抓紧赶工修建一条通过沼泽和泥泞的木铺公路。

中午前后，我到达皮亚塞奇诺（Piaseczno）。苏联人已经占领了那里的森林。苏联的铁锤加镰刀国旗，近在咫尺，迎风飘扬。如果苏军打算派一支侦察部队来探索这一地区，无法想象我们的友军会发生什么事情。我们非常清楚这种情况是可能出现的。

我们该如何应对？苏军的掩体和机枪阵地就在100米之外，面朝10名士兵和一些工兵。布格河就是界河——过了河就是深渊。如果苏军真的来了，我们将无法撤退，因为我们没有车辆。我们会沦为被苏军屠杀的替罪羊（变成）德军进攻（的口实）吗？波兰境内就发生了类似的情况。一种真正光荣的死刑判决啊！然而，我们睡得很安稳。我们甚至都懒得布置哨兵。我们为什么要布置哨兵，只为了预防

▲ 休假期间，汉斯·罗特和妻子萝泽尔在一起。
（照片由克里斯蒂娜·亚历山大和梅森·孔泽提供）

无法避免的局面？

亲爱的萝泽尔（Rosel），如果我写信告诉你这些事，你肯定不会觉得安心。幸好你对这样的事情一无所知。

6月15日：形势愈发严峻。苏军侦察兵昨晚来到了布格河我们这一侧，就靠近我们的宿营地。从沙地上的脚印来看，这一定是一个至少20人的小组。我们真是让自己陷入了困境！我们应当向他们开火吗？

我们现在已经无法在不被注意的情况下行动了，他们全天都在用炮队镜追踪我们的一举一动。为了完成任务，我们必须像印第安人那样偷偷溜到河岸边。这就是我明天必须绘制敌方阵地地图和建立炮兵阵地的方式，这应该能让我们完成任务。我希望会是这样的结果！

6月16日：我们运气真好！我没有遇到红军的任何干扰就完成了任务。现在我也了解了我们将随工兵越过布格河的位置，我们将再度成为第一拨越境部队的一部分。由于这项任务的目的是奇袭苏军，进攻可能在几天后就开始，我们后方的森林里充斥着紧张的积极行动。重炮已进入阵地，我们的坦克也到位了。昨晚，高射炮已就位。

敌方也进行了大量活动。红军已经加强了他们的多处阵地，鉴于对岸森林里人声嘈杂，他们看来已经把坦克开进了阵地。今晚我极其疲劳，天气依然酷热难耐。

6月17日：天在下雨，这对当地农民来说是个福音，但是对我们来说是个坏消息。昨天还是小路的地方，今天变成了泥泞的溪流，泥水足以没过我的长筒军靴。

中午，我们的师长（维利·莫泽将军）到了，他带来了坏消息，宣布我们必须原地滞留几天。傍晚天气转晴，一路漫步到布格河桥头堡，让我的神经大为放松，过去几天的紧张感曾让我的神经不堪重负。

现在我知道进攻的日期了。攻势将于6月22日展开，横跨一条广阔的战线。接下来的几周将会发生什么呢？我如饥似渴地思念着亲爱的家人。正如我过去经常自问的那样，我怀疑自己对家人的渴望其实来自对安逸平民生活的朴素怀念。在前往布格河畔的防御工事的路上，我就在想这件事：这种想法其实不可能是真的。我一再想象萝泽尔和女儿埃丽卡的生活。萝泽尔信中的每一行字诉说的真爱如此深切地打动我，别的事情怎么可能做到这一点？这两个人就是生活能够从我这里带走的最为珍贵的东西。

我想起了父母，这两个善良的人；我们之间的爱是伟大的。我怀着感激之情想起了他们为我和萝泽尔所做的一切美好的事情。愿上帝保佑，为了他们——我要平安度过今后的几个星期。

6月18日：现在事态变得严峻了。夜幕掩护下，全师将会转入攻击阵形。来自第528步兵团的增援部队今天中午前后抵达，是一群面孔新鲜的小伙儿。对他们中的一些人来说，阳光只会闪耀几天了。这就是战士的命运！我估计星期天前线就要进攻了。

这新的一天已经给我带来了巨大的欢乐——我亲爱的萝泽尔写来两封可爱的信，哈瑙（Hanau）写来一封甜蜜的信。

6月19日：我最近的几次观察让我认为，我们负责的那部分（前线）应当会遇到巨大阻力。我们的奇袭策略真会成功吗？

至于后方，农民被迫离开他们的田地和产业。我们的部队明天可能也不得不前进。这真的糟透了。农民们的妻子扑倒在地，扯着头发。所有这些该死的哭泣！我们没有办法帮助他们！

万岁！有史以来最伟大的战役将在后天打响！

6月20日：我们的小木屋被废弃了。全师已经到位；为打击布格河沿岸防御工事做最后的准备工作。

6月21日：进攻在明天凌晨3时开始。我们隶属于冯·克莱斯特集群（保罗·路德维希·冯·克莱斯特大将指挥的第1装甲集群）。分派给我们的任务是：在楔形阵形充当快速利刃，不计伤亡……

此刻，乡野上空一片宁静、美妙、薄暮的祥和。村落里的小木屋几小时后就会起火；空中会充斥着炮弹尖锐刺耳的呼啸声，炮击将会撕裂田野和公路。

令人非常惊讶的是我们再次参与了克莱斯特指挥的这次进攻战斗。别了，我的妻子和亲爱的埃丽卡。别了，我亲爱的父母。你们明天将会在我的脑海里。不要担心；一个战士的幸运将伴随着我。

6月22日：突然间，就在凌晨3时15分，数百门各种口径的火炮进行第一轮齐射，仿佛晴天霹雳。斯大林的各种武器的呼啸声和随之而来的断续爆炸声在空中弥漫，仿佛世界末日已经来临。在这样的炼狱里，我们无法理解自己的世界。

我们的祖国仍在故作天真地沉睡着，而死神在这里已经获得丰厚的收成。我们蹲在散兵坑里，面色惨白，但神情坚定，计算着我们离强攻布格河畔的防御工事还有几分钟……触摸我们的身份牌会让人安心，插上了手榴弹，扣紧了我们的MP冲锋枪。

现在是3时30分。哨音响起；我们很快从地下掩体里跳出来，以危险的疯狂速度跑过20米，来到橡皮艇上。经过一次抢渡，我们来到河对岸，嗒嗒射击的机枪火力正在那里等候。我们出现了第一批伤亡。

在几名突击工兵的帮助下，我们缓慢——非常缓慢地蚕食着带刺铁丝网障碍物。与此同时，炮弹射入了位于莫尔尼科夫（Molnikow，乌克兰境内）的掩体。

我们终于摆脱了这片带刺铁丝网，向第一座掩体前进，只走几步就能到达它的射击盲点。红军发疯似地射击，但是子弹无法射到我们。决定性的时刻行将来到。一名爆破手从后方靠近掩体，将一枚短引信炸弹推入掩体的射击孔。掩体震动起来，几个射击口冒出了黑烟，宣告它在劫难逃。我们继续前进。

10时之前，莫尔尼科夫已完全落入我们手中。被我军步兵追击的红军迅速向比斯肯涅佐—鲁斯基（Bisknjiczo-Ruski）分散。由于我们的装甲兵渡河进展缓慢，我们接到命令清除村庄里残余的任何敌军战斗人员，我们在这一地区逐门逐户地搜查。我们的炮击造成了严重破坏,然而,红军的炮击也为这样的破坏出了一份力。

慢慢地,我们的神经习惯了所有这些太过熟悉的恐怖画面。苏联红军的海关建筑附近躺了一大片苏联人的尸体,他们被炮弹炸成了碎片。被屠戮的平民就躺在附近的房子里。另一间干净的小房子里,一个年轻女人和她的两个小孩的尸体已面目全非,就躺在他们破碎的私人物品里。

我目睹这样的恐怖画面,不由得想起了你们,萝泽尔和埃丽卡。

我们抓获了第一批俘房——狙击手和逃兵得到了应得的"奖赏"。

我们的坦克抵达后,步兵便只在轻微的火力阻击下继续进攻,经过距离前线约40千米的莫特科维茨—迈索夫(Motkowicz-Myszków)向前推进。我们在比斯库皮切(Biskupiche)附近遇到猛烈抵抗。

赫尔穆特·普法夫(Helmulth Pfaff)和他的第14连遭到敌军坦克重创。该部伤亡很大,他被迫撤往比斯库皮切。据他观察,我们估计会遇到50辆坦克(一些是重型坦克)发动的进攻。日落时分,我们组成了刺猬阵形。虽然在第一天的战斗以后,每个人都极度疲惫,但是没有人打算睡觉。这是一个不安的、令人焦躁的夜晚。

6月23日: 早晨以规模不大的炮击开始。红军的坦克仍然没有离开他们的部署区域。显然,我们可以期待德军坦克和"斯图卡"俯冲轰炸机在8时前后支援我们,这个好消息明显提振了我们的士气。

在这个间歇期,我们的空军在我们头顶上展开了一场又一场空中缠斗。接连有9架苏军轰炸机被击落,着火坠地。这是(战斗机飞行员)维尔纳·默尔德斯(Werner Moelders)和阿道夫·加兰(Adolf Galland)精确打击所取得的杰作,他们是真正的大师。

苏军坦克的进攻从中午开始,30分钟后德军着手反击。我们从未经历过这样的事情:100辆苏军坦克正在与我们战斗。最重要的是保持冷静和神经放松。我们在短时间内消灭了4辆坦克。大约20架"斯图卡"俯冲轰炸机在空中呼啸而过,去空袭苏军的坦克群。下午,这场战斗胜负已定,结果对我们有利。在战场上,超过60辆敌军坦克被烧毁或炸得粉碎。

敌军的大部分部队撤回了博比奇(Bobychi)。我们夜间紧随在他们身后,以便包围他们。

6月24日：尽管红军不顾一切地想要突围，黎明前我们还是包围了敌人，并不断收紧包围圈。战斗在9时左右达到高潮。包围敌军的这个师所承受的巨大压力令我们担忧，苏军不断冲向我们的战线。10时前后，形势变得极其严峻，包围圈在山谷盆地的南端被敌人突破了。

炮兵已经接到命令开火，仅仅几分钟后，数十枚重炮炮弹就从我们头顶呼啸而过。我们眼前出现了一堵黑色的烟墙。硝烟有时是白色的，弹片偶尔会在烟墙上撕开一些窟窿。整座山谷都因为炮击而震颤。在阵地位置良好的火力掩护下，我们到达博比奇村的外围建筑物前。该死的炮弹就在我们面前和头顶上接连爆炸，发出雷霆般的怒吼，那声音，是大片炮火呼啸发出的令人厌恶的、邪恶的声音。愤怒令我们的面部扭曲，我们跳入了红军遍布弹片的战壕，用反坦克手榴弹横扫他们的防御工事内部。现在一切都变得疯狂，混战爆发了，红军的炮弹化为一团团弹片，就从我们头上飞过……从这些火雨的漩涡中，雨点般的金属碎片落入我们正前方的小池塘里。

空中出现了苏军战斗机，对我们发动空袭，感谢上帝，没有人员伤亡。中午前后，我们到达村庄中间，红军的抵抗已经被粉碎——红军的一个整师被歼灭。成群的死伤士兵堵塞了街道，我们的伤亡人数也不少。我们筋疲力尽，差点累晕过去。尽管如此，我们还是重新集结，继续前进，没有遇到任何值得一提的抵抗，直到抵达洛卡奇（Lokachi）村。那里的欢迎仪式不太愉快，因为猛烈的枪火正在等候我们。狂热的火力射向我们，直到房屋倒塌，将狙击手们埋在瓦砾之下。其他人在最后一刻像人形火炬一样逃离藏身的房子，他们要么自己倒在街上死去，要么被打死。不到一小时，整座村庄变成了一片火海。

在屠杀期间，我们的步兵脑海里有了一个念头：有多少无辜的人被送往末日王国？这是个极其怪异的念头，我们心灵的枪骑兵出去买醉了。

第一栋房子刚起火，就能发现躺在街上的尸体。士兵们无情地破坏和射击，直到浓烟覆盖地平线为止。我相信，步兵的这种突击平衡了行军和战斗的极端劳累。随着狙击手的一声枪响，筋疲力尽的士兵们又恢复了生气。随着他们的神经被粉碎，他们忘记了酷热，忘记了所有该死的疲惫行军。有个步兵最近对我说："你看，我非常累，现在我恢复了活力。这会儿又变成了一场不错的宴会！"是的，是的，这"宴会"让我恶心。

6月25日： 我要付出什么才能好好睡个懒觉啊！仅仅睡了2个小时，我们就重回战场。我们接到命令，要赶快冲破敌人的防线，到达卢茨克（Lutsk）南面。我们能成功渡过斯特里河（Styr）吗？

我们组成狭长的楔形队形快速推进，这使我们陷入了一种糟糕的局面：只有沿路的河岸才能够免遭敌军骚扰。我们没有时间梳理附近的森林，然而，那恰恰是敌军战斗人员重新集结的地方。前线的后方一再发生小规模战斗。

补给车队正遭到远在我军战线后方的敌人袭击，然后被摧毁。红军的飞机今天在我们上空盘旋，他们持续不断的空袭仅仅造成少数人伤亡，这真是个奇迹。

中午前后，我们抵达斯特里河。红军已经破坏了河道，洪水淹没的区域有几千米宽，这让我们的装甲部队不可能渡河。尝试架浮桥过河是徒劳之举，敌军坚持不懈地向我们的桥头堡射击。

对我来说这是悲痛的一天！4位亲爱的战友倒下了：瓦尔特·沃尔夫（Walter Wolff）、霍拉斯（Horas）、一向很幽默的米格（Muegge），还有席尔克（Schielke）。许多人受了重伤。我本人身心俱疲！如果我亲爱的萝泽尔看到我现在这个样子——肮脏、疲惫、干渴……我觉得她会为我哭泣。我们热爱的祖国永远不会完全了解我们在这场战事中取得的成就，他们对我们所经历的艰难地形和各种各样的战斗都一无所知。

我们刚刚又遭到一架红军的低空轰炸机空袭。格鲁贝尔（Gruber）被炸死了。8天前，他刚刚通过代理人与他的新娘结婚[①]。一夜都不安宁，地狱一定在战线后方松开了一道口子。天空是血红色的；持续的强烈隆隆声和雷霆般的巨响说明我们的四周正在发生一场激战。

---

① 译者注：代理人婚礼，一种在夫妻双方至少有一方不在场的情况下举行的婚礼。仪式之后，双方便是法律认可的正式夫妻。

我们的坦克开始增援。目前，我们接到消息，卢茨克的战斗已经开始了。拂晓，我们注意到这个村庄附近的河岸上空笼罩着深烟灰色的云雾。

6月26日： 早上的最后一次观察并没有让局面发生任何改变，车辆仍然无法过河。我们接到师部的命令，要在卢茨克附近渡过斯特里河，尽管有可能在那里遇到强大的苏军坦克部队。很好；我们出发前往目的地——全靠自己，没有重炮和步兵支援，师里的这两个兵种会走浮桥过河。

敌人的不断进攻令人觉得不妙。敌机，主要是轰炸机，仿佛是从树篱后面飞出来的一般对我们进行突袭。这一幕空袭戏剧在几秒钟内就结束了：一开始是令人难以置信的雷霆般的爆炸声，接下来是轰炸机机炮开火的声音，最后是弹片在我们头顶上发出的嘶嘶狂歌，伴随着深色的难闻的烟雾。随着伤员发出尖叫，空袭剧结束了。这就是我们到达卢茨克之前上演过五次的场面。

我军伤亡人数相当大。慢慢地，我们进了村，同时一直保持着左右两翼的安全。我们可以在村镇中心稍事休息，用这段时间来收集伤员，还能就着军用水壶喝上一大口。

我们继续前进。我们和坦克一起行动，缓缓向村东侧前进，那里突然出现了苏军坦克。我们的反坦克炮从未如此迅速地就位，我们的坦克也部署完毕；我们反坦克兵就趴在坦克身上，衣袋里塞满了手榴弹，随时准备消灭靠近的敌军步兵。经过一小时的战斗，进攻的庞然大物和伴随他们的战斗人员不是被摧毁歼灭，就是落荒而逃。不幸的是，我们也损失了一些坦克。我趴在一辆损坏坦克的顶上，但极其幸运的是它没有起火。这样的片段在整场该死的东线战事中是个典型。能够快速推进的坦克已经进入距离此地大约40千米的卢茨克。

今天上午，卢茨克已被我军占领，城镇周围的敌军部队也已被扫荡干净。那么，敌军的坦克和步兵是从哪里突然冒出来的？我们在任何地方都不再安全，没有一个小时是平静安宁的。我其实不是个懦夫，恐惧对我来说是一个陌生的词汇，然而，独自骑着一辆送信的摩托车穿过大片没有经过扫荡的森林真是一件相当可怕的事情。

前几天，红军伏击了许多骑摩托车的通信兵。苏联人的战略可以从以下例子

中看出:

> 今天下午, 苏军坦克出现时, 我们的一辆坦克的乘员爬出来为坦克炮定位。当我们回来时, 发现这辆坦克着火了。一个躲藏在附近的平民放火焚烧了那辆坦克, 他被抓住后也被用火烧死了。

夜间, 苏军的强大地面部队和飞机在积极活动。传闻说我们被敌人的坦克包围了。倒霉, 倒霉! 保持冷静, 拭目以待!

6月27日: 苏军的反坦克炮 (75毫米—220毫米口径) 整晚都在炮击我们的阵地, 再一次一夜不宁, 无法睡觉。拂晓, 红军的飞机大量出现, 然而它们的火力没有一次成功射入我们的散兵坑。就像醉汉一样, 它们逼近, 向右转, 然后向左急转弯。我们疯狂对空射击, 我们非常清楚这些机动意味着什么——它们在窥探我们的阵地。不久, 它们就会将我们置于目标明确的火力之下, 或者重型轰炸机俯冲下来, 向我们的散兵坑里投入十多枚炸弹。因此, 我们奉命即刻转移阵地, 这可不是那么容易, 因为我们受到机枪火力压制。

不出所料, 几分钟后空中出现了一大群欢快的重型轰炸机。一切再次在几秒钟内发生了, 土块被炸起卷入我们正前方四五十米的空中, 灰尘、泥土、树根和整片土地的渣子在空中盘旋。灼热的弹片正好落在我们的脚边。轰隆一声, 闪光的参差不齐的弹片砸落地面。空袭开始快结束也快, 耳边随之而来的地狱般的沉寂折磨着我们的神经, 负伤的士兵正在呻吟。

下次会发生什么事? 第三拨和第四拨侦察空袭, 将我们的确切位置识破, 把我们的生命之光吹灭? 接下来是几分钟的焦急等待, 但什么都没发生。敌人的火力甚至开始减弱, 一挺重机枪打了几梭子子弹, 然后是一片寂静。发生什么事了? 为什么红军不攻打我们这些可笑的家伙? 不久后, 我们得到了一个答案: 我们的步兵正步履蹒跚地强行军前来援助我们 (说蹒跚, 是因为提到这些可怜的家伙没有鞋子来保护他们起泡的脚, 就不可能说他们是在走路)。苏军很客气, 他们将这个地区留给了我们的士兵。不过, 现在情况就要好转了!

6月28日： 我们的其余摩托化部队和最重要的炮兵在早上抵达。然而，更加重要的是食物到了。B 型货车也到了。如果苏军在我们只剩下几滴汽油的时候进攻，我们就会损失惨重。

我们在前进期间没有与敌人接触。红军的战斗机不时想要袭扰我们的车队，但这些兄弟今天不敢发动一次真正的空袭，因为我们今天有操纵高射机枪的战友相随，他们的双联装机枪刺破蓝天的景象实在太耀眼了。我们的防空部队仿佛着了魔一般突突射击，红军飞机很快就发出嘶吼声，然后逃跑了。不幸的是，他们用机炮告别，让我们的两名士兵负了伤。

6月29日： 上午发生的事情解释了苏军这么快就消失的原因。我们抓获了一些躲在灌木丛中的乌克兰战俘，他们已经失去了继续战斗的意愿，而且比我们更加了解战况。而他们所说的，就如他们意味深长的笑容表明的那样，让我们感到高兴。苏军被包围了，由于杜布诺（Dubno）周围的包围圈不严密，他们开始集中兵力尝试从那里突围。

急行军后，我们在傍晚抵达杜布诺，这座城镇已经没有敌人了。下午早些时候，经过一番殊死搏斗，苏军被迫弃城。他们破坏了这个城镇，然后才离开。一切都被粉碎了。

我们骑跨斗摩托车进行了一次所谓的"道路检查"，几乎为此丢了性命。苏联

▲ 1941年夏的杜布诺市中心，今属乌克兰罗夫诺州（Rivne Oblast）。（照片由霍坎·亨里克松提供）

▲ 1941年夏，杜布诺市内遭无情轰炸后的断壁残垣，该市今属乌克兰罗夫诺州。（照片由霍坎·亨里克松提供）

▲ 杜布诺附近,几名德军士兵站在一辆瘫痪的苏军T-34坦克的车顶上。(照片由霍坎·亨里克松提供)

红军需要为他们的新兵安排一些额外的射击课程,一名士兵应当能够在150米的距离击中一辆搭乘3人的摩托车——是的,是的,当一个人幸免于难的时候,他可以拿这种情况开玩笑!我想,如果我们的头盔没有戴在头上,我们头发就会竖起来——赔率是100比3!

黄昏时分,我们的炮兵向苏军正在撤退的地区发动了猛烈炮击。我们与第9装甲师一同追击苏军,我军坦克在夜色掩护下继续侦察这一地区,我们这些反坦克兵留在后方掩护两翼。任何知道在与布尔什维克的战争中掩护侧翼意味着什么的人,都明白我们将会再次度过一个不眠之夜。

6月30日: 历经艰难之后,这个夜晚是安静的——按照我们的标准是安静的,因为过去几天我们越发习惯了相当多的噪音。炮弹在我们身后的田野里飞来飞去,小口径的子弹就在我们脚下嗡嗡作响。

凌晨3时左右,飞行跑道附近出现了一场地狱般的奇观。我们的坦克肯定遭遇了敌军,然而这里周围都看不到红军。

太阳在我们的头上无情灼烧,我们的四肢就像灌铅般沉重。在那边的阴凉地小睡片刻该多好啊!中士一定会读心术:"任何不负责反坦克炮的人都可以躺下睡觉。"人们忘记了身在何方,他们只是当场倒头就睡,其他人则进了谷仓,瘫倒在地板上安然入睡。

我们醒来时,已经是傍晚了,肚子都咕咕叫。以下是我对我们的炊事兵鲁道夫(对最具统治力的雄鹿的戏称)的赞美:他一直和我们一同身处前线,他和我们一样疲劳,但他在我们睡觉的时候准备好了一顿美味的猪肉餐。我们的部队为美餐欢呼,随后是上级军官的责骂。尽管如此,炊事兵还是会为我们的喜悦而感动。随后吃的这顿饭让我们几乎忘却了到处都是的尸体。

晚饭后不久，发生了可怕的事情。那些该死的122毫米榴弹炮在射击，其中一门发射的炮弹总是在周围落下，结果命中了弗兰克的炮组。随着刺鼻的硝烟散去，眼前出现了可怕的景象。在树干、金属碎片和血泊的狼藉之间，躺着8名死去的战友。弗兰克本人半埋在壕沟里，呆滞地望着那片狼藉。我们想把弗兰克从沟里扒出来，他却怒目而视，大吼道："你们想从我身上得到什么？我要和我的部下在一起。"这个可怜的家伙快疯了。片刻后，他晕了过去，他流了很多血——几乎失血过多，一枚弹片击碎了他的手臂。生活真爱开玩笑，是最后一发敌军炮弹击中了我们的营地，造成了所有这些伤亡，那天夜里他们没有再开一炮！

7月1日：今天早上又安静了。我躺在草地上，仰望着头顶美丽的夏日蓝天，点点白云正向西飘去，朝家乡而去。芳草的气味儿浓郁，熊蜂和蜜蜂在花间飞舞，景象与和平时期的魏尔山谷（Weil Valley）相似。亲爱的萝泽尔，你还记得我们曾在山谷中肩并肩躺在坡地上晒太阳吗？你滔滔不绝而充满激情地谈论着蚂蚁的生活。我想知道你现在在做什么，我很想念你。

一个侦察小组回来了，带回了战俘，大多数俘虏都负伤了。这个侦察小组发现了几处敌军阵地。大多数俘虏都是在当地养猪场抓获的，他们一直都设法藏在那里。

苏军士兵非常奇怪，我们德国人永远理解不了他们。一方面，他们是一个极其善良、乐于助人和好客的民族；另一方面，他们极具反抗精神。苏联军人是一个顽强的对手，坚持战斗到最后一发子弹。

"将军同志安排我在这里开枪，这就是我在这里坚守开枪的原因。"他们毫无感情，就在战壕里淡定地坚守开枪。他们就像狙击手那样，伏击我们在城市里行进的部队。祝落入他们手中的德国军人好运。我请求

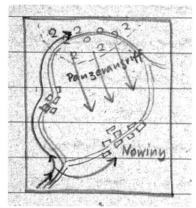

▲ 汉斯·罗特是一名侦察制图兵，非常小心地描绘了第299步兵师的各种进攻计划示意图。在他的第一本日记中，有一幅图示，画的是包围诺维尼（Nowiny）镇的同时进行坦克攻击。

上帝不要让我被俘。

7月2日：今天又平静了。没有人开枪。怎么回事？我不喜欢这种沉寂，它让我紧张。红军已经逃跑，肯定在某个地方策划一条毒计。我们从侦察兵那里没有听到任何消息。

炎热让我们易怒。一个人哪怕坐在阴凉处都像是正在烤肉架上烧烤的一头猪，风将陈腐的汗味儿吹进我们的鼻孔。该死的尸臭味儿！

今天一切都让我发狂！现在是中午，我们围坐在一起发呆。我们全身是汗，口渴难耐，但我们没有什么可以饮用。水井里肯定被投毒了，我们携带的水早就喝完了，而白天就去挖掘新井太危险了。

傍晚送来了凉爽的空气和更好的心情，我们期待在舒适的谷仓里睡个好觉。

因为沉寂，我继续心生怀疑。大炮雷鸣般的射击声从西面向我们逼近，西，我们来的方向。一定发生了什么事情！这不足为奇。一名师里的摩托车传令兵疾驰到我们这里。"警报！做好准备，爬上你们的车辆！"5分钟后，我们就离开了营地，时间是21时，我们从当初到达杜布诺的公路出发。与此同时，天空变得一片漆黑，路况因为炮轰变得十分糟糕，这对泽普（Sepp）的驾驶技术和我的眼力来说是最大的挑战！突然一个急转弯，我们就陷在一个弹坑里了。该死的黑暗！我的胫骨重重地撞了一下，疼得眼冒金星。我们将摩托车从弹坑里拖出来的时候，整个车队已经过去了，而且开出去很远。周围看不到一个人，黑色的孤寂围绕着我们，远处传来机枪的断续射击声。我们经过十字路口和岔路口——没有路标，我们只是蒙头赶路。谢天谢地，我知道我们的目的地是诺维尼。有几名军官就坐在公路右侧的一条沟里。

"我们怎样才能到诺维尼？"

"你们必须左转！"

于是我们驾驶摩托车一直向前，又开了几个小时。凌晨1时30分，我们到达一座小村庄。一名站在最后一栋房子前的军官拦住了我们，他焦急万分，问我们是不是疯了。我对此深以为然，平静地问他为什么这样激动。他告诉我们的消息并没有给我带来任何安慰：我们的步兵已经扫荡了村庄和周围地区，因为预计一小时内会有大约200辆苏军坦克来进攻。倒霉！我们的守护天使建议我们掉头回去，因为再往前开就等于自杀。

"中尉，我们是反坦克侦察兵，不是步兵。"然后我们继续前进，不停地向前开，却连个人影都瞧不见。东方曙光初现。

我后背有了一阵异样的感觉，我们早就应该到诺维尼了！我们面前是一大片森林，我下令关掉发动机，专心地聆听黑夜。在离我们不远的地方，透过嗡嗡声和砰砰声可以清楚地听到苏联人在下令。一阵寒意从我背上袭来；震惊几乎将我压倒了。

我们就在苏军部署坦克准备进攻的区域！一瞬间，我们跳上摩托车，启动发动机，驱车就跑。一小时后，我们到达那个臭名昭著的十字路口。军官们都跑了，突击工兵正在埋设反坦克地雷。当我们到达时，他们都盯着我们，仿佛我们是幽灵一般。我们必须向右拐——不是向左拐！5分钟后，我们在诺维尼与本师会合。

7月3日：现在是凌晨3时，反坦克炮正在进入攻击阵形。我们躺在战壕里等待第一拨敌军坦克，它们将在几分钟后发起进攻，我们的心脏猛烈跳动，额头冰冷煞白。我们的眼睛里冒火，凝视着田野里的温柔麦浪，那里应当会有敌军坦克出现。不久后，苏军的大批坦克就会靠近。大家非常清楚，今天对我们每个人来说都生死攸关。

为了让我们的指挥官大吃一惊，苏军在邻近的森林里集结了整整一个坦克师和步兵，他们将会尝试在这一地区突破，因为这里的前线非常狭窄。我们紧急调集了一个步兵营和一支坦克部队，以及10门反坦克炮，以对抗苏军。

现在是3时30分。就在我们正前方的山头上，苏军突然出现了。缓缓地，第一拨苏军部队以Z字机动方式逼近，他们有大把时间碾压我们。

"瞄准70！"该死的，保持冷静！耐

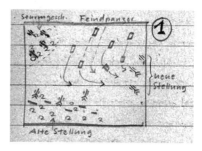

▲ 罗特描绘了7月3日敌军坦克的进攻，也描绘了步兵的新旧阵地，以及德军突击炮的反击。

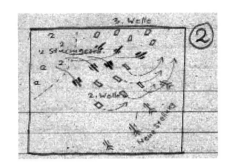

▲ *7月3日战斗的下一阶段,苏军的第三拨坦克和德军突击炮的推进。*

心。让他们更靠近一点。100米……90米、80米,现在70米,我们的10门反坦克炮射出的炮弹几乎同时击中了逼近的钢铁怪兽。有没有可能,火焰和黑烟从4辆坦克同时升起? 另外5辆坦克一动不动。禁令已经解除,现在我们的任务开始了。离开战壕!

在大炮的掩护下,我们靠近仍在原地的苏军坦克,它们正在疯狂射击。第二拨坦克接近了,高地顶部已经能看见第三拨了,我们必须撤退,因为我们正处于猛烈的炮火之下。我们挨个从一条战壕回到另一条战壕。我左边的战友向空中挥舞手臂——他中弹了。掩护我们的火炮突然散了架——被敌人的炮弹直接命中了。一名战友一动不动躺在我正前方的地面上——战死了;在我的右边,一个士兵也在呼叫医护兵。

距离战壕仅有20米! 上帝啊,救命啊! 这将会是结局吗? 苏军坦克现在对着我们立足之地的正前方开火。我卧倒在地,紧紧趴在土里,正前方的地面正在被撕裂。我再度跃起,几乎被两名遭到炮击撕裂的战友绊倒。该死的坦克炮! 另一发炮弹就落在我面前! 弹片在我耳边呼啸,一枚拳头大的弹片打碎了我的防毒面具,更多的弹片割下了我机枪的手柄。

然后,我终于成功了! 我现在在战壕里,突然不在乎别的事情了。我躺在地上,仰面朝天,等待坦克过来碾压我。

可怜的萝泽尔,亲爱的埃丽卡! ……你的丈夫7月3日在荣誉的战场上倒下了……等等,等等……别想,别想!

与此同时,我们的阵地上发生了以下事情:我军大炮的精确火力击退了苏军的第一拨进攻,我们的反坦克炮利用随后的混乱转移了阵地。第二拨苏军坦克向我们之前的阵地猛烈射击,想要消灭我们。突然,他们的侧翼遭到我军从东面发起的火力突袭,一些重型坦克被消灭了。他们立即转向东面,将我们现在的阵地置于炮火之下。

（**附注：**）这救了我的命。除了我本人，我们之前的阵地上没有其他人幸存。有两个人成功进入西面的树林，剩下的人都躺在地上，非死即伤。

片刻后，第三拨苏军坦克从高地上逼近，与此同时，我们的突击炮向前推进，依次向第二拨和第三拨苏军开火。

这种局面在整场东线战事中可能都是独一无二的。指挥官们都知道，只有这一举措才能让我们免于毁灭。在这样的环境下保持冷静是成功的关键，一次没有准头的射击会命中我们自己的突击炮，反之亦然；我们的反坦克炮射击不精准会摧毁我们自己的突击炮。

第二拨苏军坦克遭到两面火力夹攻，转向了北面，给第三拨坦克制造了混乱。又有16辆红军坦克被摧毁，其余坦克都试图在山坡上隐蔽。

然后奇迹发生了：身着迷彩服的党卫军部队出现在我们后方。那是党卫军"阿道夫·希特勒警卫旗队"摩托化步兵团——经过几个小时的等待终于来了。他们在杜布诺附近的某个地方被拦下，奉命强行军来为我们助战。他们在阵地上出现了仅仅约10分钟，苏军坦克和步兵就交替出现。战斗持续了3个小时，这是一场可怕的屠戮——一场不能更加惨烈的人对人的战斗。

刺刀刺伤了我的前臂，用急救包包扎一下，继续前进！阳光直射在我们的头盔上，我没穿夹克。我们打了敌军坦克和步兵一个出其不意，袭击了他们的坦克和只穿着衬衫内裤的士兵。飞机到达，发起了对地攻击，效果很好，整座山谷就像沸腾的大锅一样。

▲ 1942年9月14日，一位不知姓名的德军士兵摄于克列缅丘格（Kremenchuk）附近的奥努弗里夫卡（Onufriyvka）村，今属基洛沃赫拉德州（Kirovohrad Oblast）。一队德军士兵被授予铁十字勋章。（照片由霍坎·亨里克松提供）

胜利在那天下午到来。苏联红军在15时左右发动了最后一次进攻。大队红军士兵高呼"乌拉！"冲锋，却没有任何坦克伴随，我们集中火力将他们成排放倒。苏军最后向北方撤退。

尽管胜利可能令人陶醉，但我们的人员伤亡众多，3日参战的12门大炮有7门被直射火力摧毁。我的膝盖就像橡胶那样

▲ 描绘德军士兵结束侦察任务返回的照片。正如罗特所述,这些人用芦苇伪装头盔,在身体上涂抹泥土。1943年6月摄于尼科波尔(Nikopol)附近,今属乌克兰第聂伯罗彼得罗夫斯克州(Dnipropetrovsk Oblast)。(照片由霍坎·亨里克松提供)

软。千万别垮!虽然我们的体力在减弱,但没有时间休整。同一天晚上,我们向罗夫诺(Rowne)进发。

7月4日: 午夜前后,我们在一座月光下的静谧村庄里停了下来。来到这里之前,我们没有与任何敌人接触。我们计划是在这里过夜,在房子里睡觉。然而,我们接到了警报要继续前进,因为这座村子可能被苏军占领,也可能没有被占领。我们再度在路旁的沟里"休息"。绕道几次后,我们于7时前后到达目的地。睡了几个小时后,大家恢复了精神。

苏军已经撤出很远了。当天下午宣读了师里的命令,命令褒扬了我们的部队在昨天的坦克战中表现出的勇气。然而,我们也收到了坏消息:36名战友阵亡,许多人负伤。命令公告以惊人的文字结尾:苏军摩托化部队伏击了一支补给车队,并将其歼灭——53名战友被屠杀。不幸的是,我军的3辆坦克抵达现场时已经太晚了。我们单位的米兴(Michen)、胡夫曼(Hufmann)、布罗西希(Brosig)、祖德巴克(Sudback)和施密特(Schmidt)昨天都死了。

7月5日: 早上我们继续行军。我们的装甲部队昨晚占领了罗夫诺,我们就像步兵所做的那样强行军去扫荡该地区。酷热难耐!我们的步兵在这种高温下两天里行军150千米,各部都在非常努力地奋战。

7月6日: 午夜后,我们继续行军。这是极端状态下的行军;我们几乎没有时间吃饭,连睡觉也不敢想。少数虚弱的敌军想要阻击我军前进,他们的防线很快就被突破,我们将歼灭他们的任务留给在我们后方跟进的部队。

"向前推进!要么全都干完,要么什么都不干!"该死的,到底什么是"全都"!

到底发生什么事了?

就在零星的休息时间里,我们拖着橡皮一样软的腿蹒跚而行。太阳无情地烘烤着我们的头骨,发动机平静地嗡嗡作响,散发着柴油的恶臭味儿。灰尘太厚,我都看不见眼前的人。我的眼睛在流泪,被炎热灼烤,脸上满是污垢,该死的石灰石到处都是。

晚上我们到达科尔奇克(Korchik),经过一番短暂的战斗,我们穿过了这座城镇。我们在以发狂的速度一路前进,1小时后上级终于下达了暂停的命令。我觉得自己好像刚从绞肉机里钻出来,就在离摩托车几步远的地方瘫倒在地,哪怕机动野战厨房里散发出的诱人香气也无法激励我起身。睡觉,我只想睡觉!

7月7日: 我们的炮兵整晚都在开火。我认为前线正在酝酿着危险。气氛凝重,我能嗅到麻烦。谣言在到处流传,说是我们正在靠近可怕的斯大林防线。

凌晨时分,一队苏军战斗机在低空盘旋,机载机枪向我们的阵地扫射,炸弹接连在我们的防线上落下。谢天谢地,没有人员伤亡。

中午前后,一切平静下来——那又怎么样——我们收到邮件了!14天后,我收到萝泽尔寄来的一封信。那个女人成为我的妻子让我如此幸福!每一行字都能感受到她的勇敢。她那颗善良的心给了我很大的勇气,也让我在接下来的艰难日子里倍感安慰!

我只有一个心愿:平安回家,并感谢她。

7月8日: 倒霉,昨晚再度没能入睡。23时前后,我们的老侦察小组在斯卢奇河(Sluch)周围的沼泽地带悄悄前进。我们在脸上涂了作战油彩,看上去一定很可笑。头顶上的钢盔先覆上泥土,又用芦苇进行了伪装。我们的胸前挎着一个装手榴弹的袋子,肩上扛着机枪,身上只穿了一条泳裤,从头到脚都涂抹了黏土。我们就这样离开了营地。

我们没有看到任何步兵或堑壕,就来到敌军的第一道掩体防线。凌晨2时左右我们返回,没有被苏军盯上。我试着入睡,但运气不好,因为沼泽里成千上万令人恶心的吸血蚊子折磨着我们,它们会让人发疯!此外,天气炎热,我们一直口渴难耐!

出乎意料,11时,斯大林防线的苏军发动了一波快速进攻,与此同时,苏军轰炸机实施了低空空袭。我们从睡梦中被惊醒。苏军炮火的首次齐射打得很准。负伤的战友在惨叫呻吟,恶臭的硝烟在树下悬浮。10分钟后,我们附近的地面突然暴起飞到空中,碎片飞入我们的散兵坑。火墙缓缓向所谓的"伪装阵地"移动,炮弹和炸弹在这里制造了可怕的伤亡,我军的摩托化步兵有41人阵亡,82人负伤。我们为了收敛尸骸和保护负伤的战友,必须工作到深夜。我想起他们所爱的人——母亲、妻子和孩子时,就会心痛。

由于人员伤亡数量巨大,我们当晚就进行重整,重新部署阵地。明天上午将开始对兹维亚尔(Zviahel,今沃伦斯基新城,Novograd-Volynskiy)以西的苏军防线大举进攻。情况如下:

> 我们的侦察员几天前发现(苏军)第5集团军正在向兹维亚尔强行军,以确保在斯卢奇河上的一个重要渡口的安全,河上的几个渡口得到强大的敌军部队掩护。然而,由于我军一直在强行军,因此率先到达了这个渡口,我现在明白过去几天我们以如此疯狂的速度行军的原因了。红军的主力部队仍在兹维亚尔以东,需要赶一天的路才能到达此地。我们必须动用一切力量突破几个据点,从而在明天占领这座城市和几个渡口,我们每个人都知道个中利害。我们已经做好了准备。

7月9日: 大冒险成功了。今天中午前后,我军粉碎了城内苏军的激烈抵抗,兹维亚尔城和斯卢奇河的那些渡口及时落入我军手中,苏军第5集团军的先头部队大致上同时抵达。现在我们将一系列防御工事都摧毁了,这简直是再好不过了。我们的305毫米臼炮和"斯图卡"俯冲轰炸机的打击效果是毁灭性的,我们和突击工兵通力协作,顺利地摧毁了苏军的碉堡。

红军撤退到树林里的预设阵地,大批敌军正在那里重新集结,准备反击。然而,寡不敌众的我军却在试图追击并歼灭苏军的过程中被打得头破血流。我们仅有一个师的兵力,要在明天中午以前守住这座城市和桥头堡,只能期待相邻的各师明天尽早到达。

官兵们的表情都很严肃。河对岸苏军的进攻准备进行到什么程度了？侧翼的援兵会及时赶到吗？只有问题，没有答案。形势十分严峻，甚至令人绝望。如果苏军现在或者在夜间发动进攻，他们的大军会把我们踩在地上。第一次世界大战期间关于俄罗斯蒸气压路机般的大军的故事，突然浮现在我脑海里。是的，他们肯定会把我们碾压得血肉模糊。命令再次明确："坚守城镇和桥头堡直到最后一兵一卒！"

现在是傍晚，一小时又一小时过去，我们都以为苏军会进攻，然而什么都没发生。除了炮火的闪光之外，河对岸没有发生任何异常。

出了什么事？苏军会再度错失良机吗？难道他们不知道自己的对手不过是一支规模不大的战斗部队吗？我们再次开始审视自己的想法，这些想法开始折磨我们的神经。午夜，总算盼来了派出侦察部队的命令，不久后，老侦察兵就离开了己方的战线。苏军也派出了巡逻队，我们在侦察期间还遇到了其中一个。短暂交火后，我们抓获一名俘虏。

夜晚漆黑一片，我们偶尔会听见炮弹的呼啸声，或者在空中飞过的曳光弹的尖啸声，此外一片寂静。双方的侦察兵只能在战线之间四处爬行，设法在敌军阵地周围探出他们的路径，收集情报。他们只要被发现，一阵短促的机枪射击声就随之而来，然后再度安静下来。该死的沉寂让我疑神疑鬼。

7月10日：黎明时分，我们回到己方战线。对俘虏的审讯证实了我们的怀疑：河对岸有苏军的整整一个集团军。然而，他们似乎还没有挖掘好堑壕巩固阵地。

有人在夜间送来了邮件。一位战友收到的一封信从一道堑壕传到另一道堑壕。在信中，某人抱怨超时工作、啤酒和香烟短缺，以及其他类似问题。那个白痴对这里发生的事情了解多少？这就是祖国的声音吗？他们在国内会听见我们取胜的故事，"不可或缺"先生会得意扬扬地说："好吧，我们干得非常好，不是吗？"该这样说：你们这些本地人，如果说有谁成就了什么，那就是我们！好吧，我们感谢你们，因为我们的武器和弹药很棒，没有哑弹，但苏军也有很好的武器——有时甚至比我们的更好！关键因素是携带这些武器的人的精神和勇敢。你们谁都不懂这两样东西。如果你们认为自己已经打过这些仗，因为你们的加班加点而取得了如此伟大的胜利，那真是可耻！想想我们在这里的超时勤务吧，对我们中的有些人来说，奖赏就是脊椎里有一块燃烧的金属弹片。

那个白痴继续在寄给前线的信中写道，我们在这里过得更好；这里更好不是因为他还记得自己的男子气概，而是"因为前线有大量的香烟、啤酒和杜松子酒，子弹和炮弹根本不是坏事"！如此无礼让人哑然！亲爱的先生，非常欢迎您加入我们！您会因为空中充斥的香烟和雪茄而尿裤子。够了——除了谈论一位"大后方战士"的抱怨，我们还有其他事情和问题。当我想起父母的纯粹理想主义时，怒火就烟消云散了。

10时，第530步兵团接到命令，从扎德科夫卡（Rzadkowka）向捷科夫卡（Czykowka）推进。经过4小时寸土必争的战斗，该团损失惨重，不得不退回原先的阵地。如果我们没有能用钢铁弹幕护卫侧翼的重炮，苏军就会从侧翼碾压我们的整条前线。

不幸的是，苏军已经包围了撤退中的第530团一部。我方炮兵难以用火力提供支援，误击己方部队的风险太大了。因此，"需要志愿者"！我们之间没有太多讨论——战友身处险境，我们知道这些就够了。

以连为单位，我们试图从两翼同时夹击苏军。我们每个人都在适当的时候投掷2枚烟幕弹，苏军似乎对白烟很敏感，他们在西面发动了大规模反击，然后撤退到预设阵地。我们失去了一些战友，他们离苏军重炮在我方阵地周围打出的钢铁弹幕太近了。好在我方伤亡数量不大，返回了己方战线。

回来之后我们收到了好消息：援军已经抵达我们的侧翼。谢天谢地！我们如释重负。进攻将于明天开始，太棒了！

7月11日： 地狱般的景象从夜晚开始。爆炸的炮弹让地面震动了一个小时，弹片从我们头顶上呼啸而过，照明弹升上天空，照亮了烟雾。然后，他们用重炮向我们附近直接射击。出了什么事？他们也想向我们进攻？照明弹一个接一个升上天空。我们的脸色苍白，身体石化。我军炮兵没有还击，但情报军官和光声测量部队正在紧张工作。随后苏军的炮火减弱，他们肯定要发动进攻了。我们的眼睛想要看透黑暗。红色照明弹在哪里？什么都没有？一切就像以前一样；射击缓缓停止了。现在很安静，对我们的神经来说过于安静了。

3时30分：36个炮兵连突然开始射击。150门口径各异的大炮将炮弹抛向敌军的战线，它们嚎叫、嘶鸣，发出锯木场那样的声音，在空中疾驰；光沿着森林的边缘闪烁。这些都是我们炮击的结果。

我们在己方弹幕的掩护下沿着铁路前进，从那里接手和掩护我方推进中的几个步兵团。苏联人明白这样一处阵地的重要性，想要强攻铁路。我们的炮击给他们造成巨大伤亡，但越来越多的敌军战士蜂拥而至，我的机枪咆哮起来，向进攻方喷吐致命的子弹。真是宏伟壮丽！铁路路堤提供了绝佳掩护。

没有一枚炮弹的弹片落在我们脑袋附近。很好，非常好！这里就像一座射击场，而且持续了很长时间。我们的心情很不错，有人甚至开起了残酷的玩笑。哦，这些年轻人怎么变得如此冷漠。然而，人们永远不应该忘记战斗中那一刻的严重性——它可能会受到痛苦的报复，这就是我们的处境。

在这次炮击期间，我们完全遗忘了铁路路堤右端。尽管我们猛烈射击，但苏军还是设法在那里布置了一挺重机枪——不久后又布置了第二挺机枪。为了把这两挺机枪从路堤上赶下去，我们付出了大量汗水和鲜血。我们无法将反坦克炮送进路堤顶上的阵地，能用的只有机枪和一堆手榴弹——许多手榴弹。我们在2小时内就将他们从路堤上赶下去了，灌木丛后面躺着2名战友，一死一伤。这一天的开端还算不错！

现在是14时，天空是湛蓝色的，天气很热，人们可以看到气浪一波波越过路堤。火车铁轨上热气蒸腾，铁轨很滑，热焦油散发出臭味。他们说焦油的蒸汽对肺部有好处！放屁！那边地上躺着一具尸体，子弹穿透了他的胸膛。由于铁轨另一端的愚蠢场面，苏军有足够的时间在距离我们300米的地方掘壕据守。如果我们有足够的人手，就能用手榴弹击碎他们。如果我们有足够的……

我们已经掷出了太多手榴弹，两名士兵回去取弹药，但是他们似乎不会回来了。谢天谢地，苏军已经失去了继续进攻我们的动力，他们忙于挖掘散兵坑和堑壕，在这方面他们是高手。我仔细看了看左边，多么壮丽的景色啊！目力所及之处，是我们的炮弹炸出的弹坑上方腾起一缕缕烟雾。双方的炮兵都在努力建立一道防护弹幕。不幸的是，苏军射击阵地的位置告诉我，我们仅仅推进了大约1千米。

援兵在夜间抵达，因为我们预料苏军将在日落时分大举进攻。如果无法得到己方炮兵掩护，我们就将要凭借钢铁意志守住铁路路堤。我们等了又等，一枪都没开。天就要黑了，我趴在铁轨之间观察着前方。那是什么？出现了金属碎片撞击的铿锵声。一名战友几乎立即打出了一枚照明弹。枪声响起，片刻后重机枪子弹就从我们头顶呼啸而过。

苏军利用黑暗的掩护逼近我们的阵地，距离已不到100米，地狱音乐会开场了。他们的机枪在离路堤顶部仅仅几掌宽的地方开火，一连串子弹击中了铁轨，一些子弹以倾斜的轨迹从铁轨上反弹出去。步枪的嗖嗖声很容易与重机枪的嗡嗡和哒哒声区分。

该死的苏军水冷机枪射击声噼啪作响，就像1000部闹钟同时在响。我们小心翼翼将一门反坦克炮送进我们右侧路堤下面的一道水渠上就位，一大群士兵也被部署来掩护这门炮（这次自杀式任务结束后，第二天早上只有5名战友返回）。由于能见度不足，且又需要将照明弹留着稍后再用，因而无法射击。我们就躺在那里待命，将步枪或机枪抱在怀里，双腿弯曲，准备跳起来开火。我们的手紧紧抓住手榴弹和弹匣，轻机枪小组处于警戒状态，准备好了压低枪管开始射击。当射击暂停时，我意识到那是我隔壁的"新手"，就是他今天早些时候收到那封令我十分愤怒的信。他从路堤上滚下来，头部中弹身亡。可怜的家伙！今天早上他刚给我看过他年轻妻子的照片。

然而，枪声又响了起来。新的弹片如雨点般落下，空中充满了尖啸和嗖嗖声。跳弹在啸鸣，声音听起来像火焰的噼啪声或是云杉树在熊熊燃烧。疯狂的射击突然平息了，最后几支不甘心的步枪还在射出最后几粒子弹——然后，一片寂静。我们跃上铁路路堤，凝视着夜空，静静聆听。为了提高听力，我们将双手在耳朵后面摆成漏斗形。然后，照明弹飞入夜空爆炸了，随后缓缓落向地面。更多的照明弹升空，我们继续凝视和聆听。寂静令人不安。我们可以感觉到心脏在胸腔里跳动，太阳穴也在跳动，我们的手在安慰似的寻找手榴弹。更多的照明弹像烟花一样发射出来。

现在我们可以看到他们过来了。夜袭是他们的特殊专长。一枚接一枚照明弹射入天空，我们在150米的距离上开火。我们的炮弹轰入进攻方的阵列，撕开了几个大洞。然而，现在是晚上，这片地方满是天然障碍物。敌人一拨接一拨逼近。沿着路堤右边的运河，展开了一场人与人的激战。那边的大炮没弹药了，苏军士兵干掉了那些炮手。我们的几挺机枪仍然能让他们远离我们，但是还能坚持多久？通信兵回师部报信。该死！炮火是唯一能在这里帮助我们的东西。我们一次次对空发射信号弹，其间敌人的照明弹照亮了战场。红色曳光弹也在邻近地区的空中呼啸而过。多么美妙的烟火，多么壮观的恐惧和恐怖的照耀。

我们接到命令撤退到基线阵地，整条前线都必须撤回其原始位置。妈的，不敢相信我们必须撤退——我们，第299步兵师，必须逃跑；德国军人竟然得放弃战场，把它交给那些俄国人！

现在，撤退的大戏开始了，这让我们伤亡很大。我们在凌晨2时左右到达原来的阵地，炮兵为我们提供掩护。

7月12日： 一个突击炮小组接管了我们那部分前线。我们后撤了大约3千米。预计在这一地区，苏军伞兵将会大量空降到我军炮兵阵地后方，而我们是不得不去对付他们的人。

我们匆匆挖掘了掩蔽壕，由于这片地区没有树林子可供掩护，这些壕沟必须挖得更深。这是一幅凄凉的景象。显然几年前红军砍掉了所有树木，保留了水源，让大片地区变成了沼泽。开阔的沼泽地上有一人高的灌木丛可供掩护，但能利用的不是我们而是进攻方。

苏军是伪装和构筑战术屏障的高手，他们沿着这片荒野北入口处一大片森林设立了自己的指挥所。森林边缘被留下来野蛮生长，因此覆盖着树篱和沼泽，在树篱下面，他们挖掘了大约2米深的逃生隧道，遇到紧急情况可以放水淹没。苏军的机枪巢上覆盖了植被；即使拥有最好的光学仪器，也不可能辨认出这些机枪巢。一名苏军逃兵告诉我们，数百名护林员和士兵在这里工作了多年，将这一地区改造成现在的样子。我们的地图上仍然标示着的几座村庄已经消失了。

一个月前，小路和公路上都埋设了地雷；随后，地雷、小路和公路上种了草。今天早上，悬挂在灌木丛中的铁丝上的手榴弹也炸死了2名战友。

掩蔽壕已经完工了，车辆也做好了伪装，大炮呈半圆形排列，炮兵阵地构筑完毕。我们等待任何可能发生的事情。炮兵演了一场精彩大戏。第二次进攻于今天早上5时开始，部署在我们正前方的榴弹炮不停发射，我们的重炮在身后更远处轰鸣。他们的重炮炮弹就从我们头顶上飞过，目标是桥梁、重要公路和移动弹药库，这些弹药库就在苏军战线后方20到25千米处。

这会儿是中午时分，酷热正在堑壕和我们周围的沼泽地上肆虐。炽热的阳光令我发疯，我的眼睛因为凝视太阳而灼痛，头疼得好像被一千根针在扎。该死的！别晕过去！汉内斯^①！

我们的衣服粘在身上了，真恶心。我的头盔下面是汗水和8天污垢混合成的臭气熏天的浓稠液体，顺着脸颊流下，最后落进了我的衣领里。这该死的堑壕战，这片没有树林也没有水喝的该死的沼泽。

下午，苏军侦察机在低空出现。不久后，强攻开始，但这次进攻没有造成任何损害。他们不时向我们的阵地射击，想要定位我们的武器，但他们运气不好。

敌军的火力在日落前缓缓平息。传令兵传来最新消息:前线已经推进了1000米。我们对这一消息感到非常兴奋，即便进度只有1000米。在这些可怕的日子里，我们被打得快没了脾气。

7月13日:尽管要轮流放哨，我们昨晚都睡了几个小时。哇,我们真的睡觉了!是的,确实睡着了！这并不意味着这几个小时的睡眠真的让我们精神焕发,恰恰相反——我觉得头昏昏沉沉的。蹲在散兵坑里睡觉让我全身的骨头都疼,所以我离开战壕,活动了一下筋骨。但是大多数人没机会这样做,因为苏军已经在我们阵地周围"种了"一圈"早安炮"。我们前面的所有灌木丛都被"修剪"过了——最棒的园丁也得甘拜下风。

难以置信啊,战友,一切可能都出错了！有人告诉我们,他看到了幻影部队;有人报告称,他们已经进入了我们背后的阵地。还有人在讨论新武器和一种神秘

---

① 译者注：Hannes，汉斯的昵称。

的 DO 装置（多管火箭炮），这种装置已经被送入阵地，将首次用于突破苏军的顽强抵抗。

炮击造成的大爆炸打断了我们的猜测。一次猛烈的冲击和一面升起约500米的黄白色烟雾墙在短时间内挡住了阳光。数百发火箭弹——据烟幕尾部判断肯定是火箭弹——从空中呼啸着飞向敌人。第二轮、第三轮和第四轮火箭弹紧随其后。这是罕见的奇观！我们离开了自己的堑壕，就站在掩体上欣赏这场演出。火箭炮的齐射炸蒙了苏军，他们都没有开过一枪一炮。

中午，我得到了关于这一奇观的更多信息：多管火箭炮能够同时发射多枚火箭弹。火箭弹里装满了火油，一旦火箭弹击中地面，火油四溅，所有东西都会燃烧起来。这样的打击效果一定是毁灭性的。尽管如此，苏军仍继续坚守阵地。

当我们想要突破分界线上的敌军阵地时，撞得头破血流。红军开始反击，我们设法击退了敌军的这波反击，但伤亡数量比他们多。我们的战斗力已接近枯竭，难以忍受的高温和残酷的战斗重创了我们。面对苏军的波次攻击，我们只能再坚持一小会儿！我们需要生力军！过去两天，第529步兵团、第528步兵团分别损失了380人和304人。换防部队来得太慢。重炮炮弹落在我们的阵地上，掀起大块的泥土。

现在情况越来越严重了。红军已经将铁道炮送到了日托米尔方向的铁轨上，那里超出了我们的重武器射程。晚上，苏联人在酷烈的炮火掩护下攻击我们，他们设法将我们推回了几千米外的城郊。

我可以因愤怒和沮丧而哭泣。什么都不管用了。我的身体不想再合作了，我的神经就像电报机的电线一样在歌唱。我还会再看到我的家吗？

今天的伤亡表：20人死亡，11人失踪，163人负伤。亲爱的萝泽尔！我的埃丽卡，请将你的爸爸永远留在宝贵的记忆里。

7月14日： 我们奉命在今天上午8时进攻。然而，昨天的雷雨淹没了公路，使得那里无法通行。现在怎么办？以下是9时左右收到的无线电报："进攻推迟，组成防御队形！"所以，苏军又要发动进攻了。是的，他们攻得多猛烈啊！大口径炮弹轰鸣着向我们的阵地飞来，与所有这些大口径炮弹一同飞来的还有较小口径的炮弹和迫击炮弹。小口径炮弹和迫击炮弹会化作大量弹片。

轰炸机依次在低空投掷炸弹，战斗机向我们的战壕发射多轮机枪子弹。这是一场地狱般的奇观，足以让一个人失去理智。蹲在战壕里的我们都快疯了，周围的地面都被掀到了半空中——就在我们眼前。在我们左右，在我们的后面……火焰四处飞溅。我的头发烤焦了。一大块泥土砸到我的头盔上，将我击倒了片刻。然后他们来了，高喊着："乌拉！乌拉！"

第一批红军步兵逼近我们，距离已不足50米。我们爬出了堑壕，机枪手留下掩护我们。这些是同一群人吗？仇恨和愤怒让我们失去了思考能力。半小时后，我们打退了这次进攻。我不记得这场屠杀的细节了，这难以置信，却是真实的。我们就像杀人狂一样向前飞奔，我们射击、砍劈、搏斗，我们摔倒，站起来，又向前猛冲。我只是记不清所有的细节。看看我们吧！我的衬衫撕破了，双手和膝盖都在流血，军服上到处都是血迹。我左靴子的靴沿上挂着一块人脑碎片，我真要吐了。够了！现在反应来了。我觉得头晕，浑身发冷——伤寒（febris nervosa）的症状。

7月15日：我一口气睡了20个小时，现在感觉好多了。大口径炮弹和炸弹让我们的阵地面貌剧变。

我只能如此猜测：当我躺在医务帐篷里时，没有注意到任何射击的壮观景象。我一定睡得像个死人。

一股略微闪光的热浪笼罩着我们的阵地。泥泞的战壕里到处是大水坑，散发出一股腐烂的气味。空中和地面到处都是昆虫，成群的黑苍蝇聚集在一切可食用的东西上。除了一些轻微的炮火，今天相对来说比较平静。休息让我感觉很不错。第6集团军指挥官瓦尔特·冯·赖歇瑙元帅的讲话进一步鼓舞了我们；他对我们的勇气和勇敢表示最崇高的敬意。

7月16日：前线没有变动，没有值得一提的战斗。时不时地，会听见单发步枪的射击声，机枪的哒哒声，甚至几发炮弹的爆炸声。轰炸机在中午前后空袭我们的阵地，弹药库被击中了，爆炸让8名战友血肉横飞，还有许多人负伤。战斗的轰鸣声从左右两翼传来，还是生力军的各师显然正在那里发动进攻，并取得了良好进展。苏军最终会被迫逃跑吗？

7月17日： 今天上午，我们遭到敌军的炮火袭击，他们对我们的阵地持续炮击了1个小时。红军飞机出其不意地出现了，他们在我们头顶上方约20米飞过，向我们的行军纵队开火。空袭突然就结束了，他们不再射击，然后我们得到的消息是苏军正在撤退。我们真的不敢相信，因为就在过去的短短几天里，我们已经为太多虚假消息而兴奋了。然而，这次是真的，我们的炮兵正在向逃跑的苏军部队开火。

进攻命令在下午到来。黄昏时分，我们征服了兹维亚尔东北的死亡森林里绵延大约4千米的阵地。惊心动魄的10天堑壕战，以及所有的恐怖、连续多个小时的炮火和血腥的肉搏战终于结束了。

我们的眼里盈满喜悦的泪水。

7月18日： 红军肯定伤亡惨重，因为我们的炮火覆盖了正确的目标。树干碎片遍地都是，我们的炮击将森林的地面都炸裂了。在这些破败之间，躺着数百具尸体、毁坏的装备、车辆和各种枪炮。高温导致尸体发黑发胀，可怕的刺鼻腐臭气味充斥整座森林。

这最后几天战斗的许多细节让我想起了一年前在（法国）拉伯萨斯（La Besace）发生的可怕的丛林战，但是苏军与比利时军和法军是不同的对手。当时，我们与像军人那样运用智力、耐力和经验的人战斗，而这里的敌人就像一台沉闷、冷漠、没有灵魂的毁灭和死亡机器。有机会时，我们会合围苏军。法军会从经验中吸取教训，努力避免不必要的伤亡。苏军打起仗来直到全部倒下为止，他们从不投降！

今天傍晚，我们遭到突如其来的炮击。夜间我要站岗，真是可怕的时光啊。我们知道森林里仍然隐藏着许多苏联人。夜晚漆黑一片，树林里的每一声动静都可能是潜伏在周围的苏军发出的。我束手无策。早晨终于到来了，随之而来的是习惯性的炮击。

7月19日: 我饿了。现在食物已经变得又少又差。士兵配给的香烟、科拉达尔曼（Kola Dallmann，一种流行的可乐糖）也不再供应了。

下雨了，尸体的恶臭更胜以往。我们有人罹患最严重的疟疾。阅读萝泽尔的信是我唯一的快乐，我向上帝祈祷能平安回乡。

7月20日: 红军进入了一处新的防御阵地，会全力防御。这是斯大林防线的一部分——新沃里诺克（兹维亚尔）掩体群的第三道防线，我们在强攻那些该死的混凝土掩体时几次头破血流。因为我们太疲劳了，他们没有料到我们会冒险发动第二轮进攻。

感谢上帝！我们被生力军换下来了，在森林里保持警戒即可。我们就在一个炮兵单位附近挖掘堑壕，这些大炮就是运来增援的。

由于我们一直处于第一道防线，所以从来没有机会近距离观看210毫米口径的长身管加农炮射击。我们敬畏这些大炮，眼睛和嘴巴都张得大大的——一开始是出于敬畏，后来是为了保护我们的耳膜。这样的怪物需要40名炮组成员操作，射程可达到40千米，炮弹重达150千克（330磅）。弹片的杀伤范围约为1000米。打一炮就要花费大约2000帝国马克。"大家快到捐款箱来！谁还没有捐款，谁还想买彩票（WHW）？"一次2000马克！这是普劳恩海姆（Praunheim）和罗默施塔特（Romerstadt）两个捐款箱的总收入。募捐者们请做好准备，因为今天还有许多枚炮弹要发射。顺带一提，这里的加农炮是在捷克斯洛伐克取得的战利品，由斯柯达（Skoda）兵工厂制造。这些炮是为土耳其军队制造的，但最后落入了德军手中，没错，苏台德地区的行动确实带来了一些好处。

我们的师长在下午发表了演讲，让我们充满自豪感。

第299步兵师数日来一直承受着苏联第5集团军的压力。苏军将精锐的莫斯科卫戍部队投入战斗。他们的最后一项任务是在我们和冯·克莱斯特集群之间打入一根楔子。他们必将失败。

南方的关键战役正处于危险之中。我们现在对战局都很清楚，我们将会战斗，战斗到最后一个人。我们将面临几个艰难时刻，巨大的人员伤亡削弱了我们的战斗力。莫斯科广播电台昨天播报称德军第298步兵师和第299步兵师在兹维亚尔附近被歼灭——不过是一厢情愿！还没有结束呢！我们不是在到达斯卢奇河时比你们快了5小时吗？这就是你们对着麦克风狂吠的原因吗？你们跑得真不够快！我们会教你们怎样奔跑，但是方向相反。

难以置信！我们疲惫的部队接到命令在邻近的村庄休息几天！这个好消息让我们喜出望外！正是时候！再不休整就会伤亡巨大。

7月22日： 今天早上，我们分为多个小组进入这座村庄，它已被我们的炮火严重摧毁，原先的村民分散在四五座农场里。他们站在自己的小屋前，脸上带着好奇而非愤怒的神色。或许他们只是拥有良好的自制力，他们一定十分好奇接下来会发生什么事情。

我们的第一项任务是分头去搜寻食物。"敏·博恩"（Min Bohn）非常幸运，他找到了一包莫合烟（苏联品牌烟草），这个好人就站在路边将烟草分发给我们，每个人都分到了一点。

我们坐了下来，开始撕旧报纸，有些人将靴子里用的吸汗条（schweisslappen）取了出来。不多时，第1排的人就像在火车站里那样吞云吐雾了。这种莫合烟味道其实不怎么样，但是因为这几天我们只能用干草、树叶和各种香草当烟来抽，因此觉得这种烟草的味道就像最上品的意大利货。

我们就在村庄边缘的一片草地里安营扎寨，支好帐篷，挖掘能够藏身的散兵坑。负责所有锅碗瓢盆和炊事设备的"流浪管道工仓库"，卸下了宝贵的运载物品，马上开始油炸和烹饪食物。吃完饭，我们围坐着凝视夜空，一点都不担心前线的情况。

没人会知道一切是怎样开始的：突然间，有人开口用清晰的男高音唱起了一首歌，一切顿时变得如此安静，"敏·博恩"的香烟都从他的嘴里滑了出来（现在我回想起来，他的嘴实际上张太大了）。其他人开始合唱，很快整队人都在歌唱。有些人只是抱膝而坐，还有些人则仰卧着，双手放在头下为枕。歌声越来越响亮："勇敢的小战士的妻子，我们很快就会回家的！"

歌曲"我的家矗立在最美丽的草地上……"在短暂的停顿后响起，每个人都在歌唱。工人、农民、教师和商人一起唱，他们都成了身穿灰色军服的战友，头戴钢盔，面对死亡，逐行逐句地虔诚地唱着这首哀歌。他们用对和平、安宁和妻儿的渴望填满了每一行歌词。

他们无法用自己的语言来表达支配他们精神的情感。他们很难表达自己的情绪，这就是为什么他们会唱一首描述他们出生地的房舍或山谷的歌曲。我的头顶上有一片繁星点点的绚丽天空，同样的星星现在也位于我在韦斯特豪森（Westhausen）的房子上空。你在想我吗，亲爱的萝泽尔？！

美美睡了大约10小时后，我起身仔细环视这座村庄。成群的难民——主要是妇女和儿童——从四面八方到来，妇女们在寻找死去的丈夫和兄弟，孩子们在寻找父亲被撕碎的尸体。真是恐怖的画面。一名怀抱婴儿的妇女努力将丈夫的尸体拉入一个旧散兵坑，以便将他埋葬。

一对老年夫妇坐在一座房子的角落里，老大爷弓着腰——死了，老太太靠在丈夫身上，她的双眼紧盯着两人周围的恐怖景象。他们的儿子和孙子都躺在房间里的大片黑色血泊之中。她一言不发，灵魂永远死去了。

稍远一些，大约20名我军士兵被机枪火力扫倒在地。在一场殊死肉搏之中，两名死去的士兵紧紧抓住对方，就躺在附近的花园里。其中的红军士兵仍然用僵硬的手握住刺刀。从伤口来看，他用刀刺伤了德军士兵的颈部，而红军士兵的头部肿胀，德军士兵的手依然像铁钳一样紧紧掐住他的脖子。我非常清楚肉搏战的可怕，我们无法将所有尸体分开，所以敌友双方都被葬在一起。在一个又一个墓穴里，我们埋葬了21名最优秀的战友，58名苏军士兵则被埋在一个大坑里。

酷热难耐，腐烂的恶臭令人作呕，我们把手帕绑在脸上以减少恶臭的影响。我们必须强行将妇女和儿童从他们死去的亲人身边拉走，否则感染的风险很高。

在返回营地的路上，我的膝盖发软。这是因为酷暑，还是因为目睹的恐怖画面？

7月24日：晴雨天气交替出现。这里就像沼泽中的温室，我们必须服用奎宁片以防止疟疾扩散。连续劳累数周之后，许

▲ 德军占领下的日托米尔，背景部分可见马拉的大篷车经过。（照片由霍坎·亨里克松提供）

多症状开始在这段休整期显现。一位战友罹患伤寒，在数次进攻中，他跳起来四处射击，想要攻击红军，但是周围根本没有红军出现。这个可怜的患者将在今天下午被转移到后方较远的地方去。然而，大多数人都罹患严重的肠道疾病（也被称为无法控制的腹泻），我就是其中之一。但是与过去一周的连场血战相比，这根本不算什么。我们非常感谢有机会休整！

7月25日： 在听了那么多赞美之词后，我们可能会沉湎于自我陶醉之中："你们令人钦佩的成就将载入史册。你们的勇敢前所未有！" 诸如此类。一整天都是这样。师长、军长和赖歇瑙元帅，他们所有人都突然都把我们当成了心肝宝贝。指挥官们允诺我们会获得法国葡萄酒、香槟、巧克力、香烟和沙丁鱼。可怜的老胃，你将如何应对所有这些美味佳肴？好吧，至少我们是幸福的；然而我们只是完成了自己的任务。

7月26日： 我们收到了前线传来的好消息：苏军正在向科罗斯坚撤退，同时他们又在战斗。

7月27日： 我们的休整时间结束了。我们正在向基辅前进。

7月28日： 经过残酷的巷战，日托米尔被我军攻克了。苏军坦克偶尔会前进，以掩护正在撤退的布尔什维克。苏军的战斗机和轰炸机让我们的生活相当悲惨，我们的车队一再成为他们得手的目标。红军大队人马退回基辅，那里显然严阵以待。
那里也会爆发一场艰难的夺城战。

7月29日—7月30日： 我们在轻型火炮的掩护之下，经过小规模步兵战斗，一千米一千米地逐步前进。

7月31日： 我们在日托米尔以东40千米的地方稍事休息。我们聊天的时候一直在谈这个话题：这场战争何时会结束？有人胡扯道，这场混战结束后，我们将会被遣散回家。太天真了！第一，我认为苏联的战事将持续更久（我甚至开口表达了这一观点，与那些认为战事将在2个月内结束的军官形成了鲜明对比）。第二，有人相信像我们这样光荣的经验丰富的老战士会被遣送回国，在自家花园里挖钓饵吗？我们将拭目以待，看看我是否至少在其中一点上说错了。

8月1日：我们在一片小松林里停了下来，那里有一片小湖泊。由于我们要在这里休息几个小时，于是大家就脱掉汗湿的军服，跳进了又脏又热的湖水里。但是这种快乐是短暂的——红军飞机突然出现，在我们头顶上盘旋了好几圈。就在飞机要对地攻击的时候，不知道谁的手榴弹炸死了一个自己人。真是一团糟！我们像狗一样湿淋淋的，但还要飞快套上衣服，躲到树下隐蔽。真是及时——10架苏联"马丁"式轰炸机很快出现了。突然间，烟雾和爆炸就出现在眼前。该死的！

我们非常幸运。当黄色的硝烟散去时，我们可以看到己方的营地现在满是弹坑。

这些天，苏军的战斗机活跃得令人不快，昨天下午的事情就惊到我们了。3架重型飞机在极低的高度从我们上空掠过，由于它们没有射击，我们也没有太注意。不久后，我们听见机枪向我们的队尾猛烈开火。包括我在内，一队侦察兵被召集起来去后方看看那里发生了什么事。到达森林边缘时，我们就看到大约15个平民疯狂地跑向一座桥。突然间，有什么东西在我们头顶呼啸而过，我们扑倒在地，与此同时，五六枚手榴弹就在离我们几米远的地方爆炸，发出震耳欲聋的巨响。短促的爆炸中，我们从一个掩蔽处冲向另一个掩蔽处，以接近那群人。费了很大的劲，我们设法切断了通往这座桥的通道，挡住了这群正在凶猛射击的人。

我们在草地上发现了巨大惊喜——降落伞。身着便装的苏军士兵从飞机上伞降，目的是摧毁这座重要桥梁。真是幸运，我们恰巧在最后一刻挡住了他们，没让桥梁被炸掉。他们装满炸药的箱子足以摧毁附近的整座城市。不幸的是，一名伞兵成功逃脱，他用机枪①打死了我们的一名战友，重伤了另一人。

---

① 译者注：原文如此，但其实更有可能是冲锋枪。

8月2日: 离基辅不远了。我们在地图上看到了基辅,而且能从遭遇的激烈抵抗中感受到。我们进展缓慢。第一道掩体防线就在我们面前,显然,在这道防线后面还有十几道或更多的防线。掩体、雷区、沼泽、自动火焰喷射器陷阱,还有未知的其他东西。

艰难的时刻和日子即将到来,但是我们已经变得如此顽强,再也没什么能让我们震惊了。我们不再在意炮击声,炸弹从飞机上落下时的低沉嗡嗡声和机枪射击的声音了。

前线的生活让我成了宿命论者。现在,一切都由命运来定,不然我们怎能继续下去!炮弹犁过了我们的战线,我面前几米处的地面被掀到半空,一阵灼热的弹片向我们倾泻而下,左右两侧的战友被弹片撕裂,我的军服上溅满了他们的血。这一轮炮击让我摔了个背着地,但我没有受伤。这就是命!如果我平安穿过兹维亚尔的地狱,从1000具死尸堆里爬出来,那么未来的一切都会很顺利。

8月3日: 亲爱的萝泽尔,今天是我们的结婚纪念日!你还记得吗,一天傍晚,我们坐在豪森的户外花园里。那天也是8月3日,你那蠢丈夫完全忘记了当天是我们的结婚周年纪念日。我完全看得出你对我犯的这个错误有多难过。

又到了8月3日,战斗和伤亡不停的一天。然而,我记得我们的结婚纪念日。我感谢命运让我们俩的人生道路交汇,让你成为我的爱人、我的妻子和我们心爱的埃丽卡的母亲。

请求上帝,让我平安回家,让我能弥补我的错误,让我有时间把一切都补上!

尽管面对激烈抵抗,我们还是设法在晚上突破了敌军防线。我们进展良好。

8月4日: 我们现在距离基辅大约15千米。维塔防线(Vita Line)就在我们面前,这道防线使用了所有的东西来加固,我们的3次进攻都被苏军击退了。事实上,这不是打进基辅城的办法!

指挥部似乎出现了问题,因为事情没有按计划进行。指挥结构发生了改变,一些将军变更了职务。伤亡数量与我们的成就并不相称。我真的不喜欢这个样子。

8月5日：我们正在挖掘堑壕工事。整日炮火连天。在夜色掩护下，我们能够更加接近苏军的掩体防线。谢天谢地，一切进展顺利，敌人没有太注意。

午夜前后，我们未经激烈战斗就占领了赫列瓦卡（Hlevakha）森林中的阵地。天亮前就必须挖掘好所有的土木工事，白天苏军掩体里的加农炮和高加索狙击手会消灭任何能看到的人。

8月6日：据估计，5时前后，酷烈的火力打击就会开始。我坐在观察所里，只有我能看到我们行将面临的厄运。短壕就在森林边缘，从这里开始，地势逐渐向下倾斜，直到维塔河（Vita）。那条该死的河看来会喝掉许多鲜血（或许连我的血也在内）。河的后面是一条巨大的反坦克壕，里面布满带刺铁丝网。

反坦克壕内侧有伪装良好的掩体，这些掩体里传来了枪声。死亡向我们滚滚而来，一堵碾压式的火墙缓缓地、非常缓慢地爬上了山丘。这些家伙的射击很准，只有通过强化训练才能达到。在半山腰上，火墙现在已经到达一栋覆盖着树木的农舍。当树枝、木梁和砖块被打得在空中飞旋时，可以听见噼啪声和碎裂的声音。那道讨厌的弹幕火墙继续前进。

现在别紧张，汉内斯！我估计死亡随时都会到来。每个人都得到了警告。我们将手指抓进泥土里，由于害怕，额头上都是汗。上帝，要是我们能保护好自己就好了！然后一切都乱了套，只听见怒号声、巨大的轰鸣声、隆隆的雷声、噼啪声，还有成千上万的弹片发出的嘶嘶声。

恶臭的硝烟涌入我们的堑壕。持续了几秒钟还是几分钟，我不好说。我小心翼翼地将头抬起来，看看那道火墙是否在继续前进。一连几分钟我什么都听不见，我脸上有湿的东西——血！谢天谢地，只是擦伤。我们的阵地陷入混乱，用来掩蔽的树干已经被火力撕成了碎片，部分堑壕被泥土回填了。一个掩蔽处被炮火直接命中，2名战友阵亡、3人负伤。总的来说，我们很幸运，情况可能会变得更糟。

今天下午，炮兵在我们后方的森林里就位。除了一些口径巨大，可能是首次在这里使用的迫击炮之外，还有许多加农炮，它们隐藏在我们这些士兵的视线之外。夜幕降临，几发炮弹射向敌军阵地。可以将这一轮炮击称为试射。能听见我们的狂战士的声音，真好。

23时前后我们接到命令，明天进攻。我的上帝，这将会是一场艰难的战斗。老实说，我厌倦了这种战斗。

8月7日：军官们就站在长身管加农炮、榴弹炮、迫击炮和火箭炮旁边。他们盯着手表，这让炮组成员感到压力很大。时针正在转圈……最后一分钟正好开始计时；看上去似乎没有尽头！数百门大炮将致命的炮弹喷向天空。榴弹炮、迫击炮和大口径长身管加农炮开始射击，当死亡冲向短壕、掩体、反坦克炮阵地、机枪巢和堑壕时，声如雷霆。我们的炮兵向维塔的防御工事连续轰击了30分钟。

我们在5时10分开始进攻。同以往许多次一样，我们与突击工兵和火焰喷射兵（Flammenwerfer）携手合作。出乎意料的是，一切都非常顺利。整场进攻过程就像在奥尔德鲁夫（Ohrdruf）的训练场展开那样。不到一个小时，我们就在维塔河两岸的反坦克壕掩护下，从熊熊燃烧的掩体往下而行。我们的手榴弹飞进掩体的射击口，炸弹和火焰喷射器将这些工事都一一除掉了。

3座掩体已被清除，仅仅2小时后就打开了一个相当好的豁口。现在那听起来怎样？亲爱的先生们，在《德国每周新闻短片》（Wochenschau）的这一精彩镜头中，我们吓得屁滚尿流。不少人将手臂伸向空中，向后转——一个如此笨拙的动作——然后僵硬地倒在维塔河岸上。顺带一提，我们攻打敌军掩体的时候穿得就像亚当那样（即裸体）。但无论如何，这样做都是必要的，因为河里有淤泥。我们的头儿曾经说过这样一番话："我能够根据一个士兵军服的状态来判断他的性格。"是的，亲爱的菲普斯（Fips），来告诉我们你的"状态"。或许你可以从河对岸拿来勇敢士兵的衣服。你看，我们尊重你的意愿，省下了我们的衣服。我们怀念你低声下气的演讲。

我们涌向苏军的一座又一座阵地，下午，我们已经牢牢控制了维塔河对面的山丘。只有维塔博奇托瓦亚（Vita-Poshtovaya）村和桥梁还在敌人手中，而这座桥对我们的摩托化部队至关重要，所以我们计划速战速决将其夺取。负责执行这一冒险任务的是其他部队，我们将提供火力掩护，夺桥部队会强行突击。夜幕降临时，他们将桥梁上和村子里的敌人都扫荡干净了。我们负责在午夜后守卫这座桥。这并非没有危险，因为苏军正在对着桥梁和村庄射击。最终，在几个小时后，其他部队把我们换了下来，然后我们进入警戒桥梁北出口的阵地。

维塔博奇托瓦亚村陷入一片火海，我们听见火焰的噼啪声。奶牛在远方某处吼叫，它们一定是被困在了谷仓里，正在被活活烧死。风将浓厚的烟云吹向我们，一片烟迹笼罩着整座村庄。火焰发出红光；酷热让我们喘不过气来，每一座房子都着火了。在呲呲声和噼啪声中，可以听见苏军遗留下来的弹药发出的爆炸声。我们爬过滚烫的废墟。附近一座房子的墙倒塌了。负伤的士兵被抬着从我们身边经过。大火照亮了一面红十字会的旗帜。一架飞机就在我们头顶上盘旋。

8月8日：雨。堑壕挖得太快了，现在满是雨水。一个人躺在土坑里活像一只麻袋，我们的军服都被肮脏的黄色泥水浸透了。我们躺在自己的"浴缸"或"水箱"里，因为寒冷和恐惧而瑟瑟发抖。一轮又一轮子弹射向对面。我们周围到处都在爆炸。这些爆炸看起来仿佛是法兰克福中央火车站周围的金钟柏——"生命之树"！

这真是讽刺……死亡正在我们这儿的战线里穿行！半小时内我们即有12人阵亡。该死的！要是雨能停就好了。我再也不想看见阵亡战友散兵坑里的"红汤"了，我不喜欢西红柿，但我真的爱西红柿汤啊。

太恶心了。五脏六腑都要吐出来了！昨天进攻维塔河畔掩体的那些战友，满怀勇气的这些人，现在就支离破碎地躺在自己的散兵坑里。当一名战友受到致命一击，内脏被撕裂时，人们就不该再看着他。无论之后发生什么，都不再属于他和他的英勇努力了吗？这场面真丑陋，太可怕了。我累了，厌倦了周围的一切。

今天上午，我们团率先向砾石公路北面发动进攻。这些勇敢者取得了良好进展，虽说伤亡很大，他们仍占领了加特诺耶（Gatnoye），来到基辅门户茹利亚内（Zhulayny）附近。他们将我们留在这里真是太糟了，苏军出色地调整了火力，瞄准了我们的阵地和公路。

现在是中午，相对比较安静。敌人已经不再用那些该死的小口径武器来烦我们了，他们可能没弹药了。然而，每5分钟就会有3枚大口径炮弹落下来。根据弹坑的大小来判断，一定是铁道炮打出来的，这些炮弹摧毁了这条良好的公路。

我们的心情好多了。雨停了，甚至出了太阳，这让一切都好多了，至少我们可以离开散兵坑了。有人开了个玩笑，我们都大笑起来。生活确实在继续！

◀ 萝泽尔和汉斯在黑森林。

▼ 汉斯和萝泽尔与其他德军士兵在黑森林。
（照片由克里斯蒂娜·亚历山大和梅森·孔泽提供）

上级宣告苏军坦克会出现。我就在屋顶被焚毁的观察所里，蹲在那里用一副炮队镜观察。在5分钟之内，我把一切都忘记了，炮火和危险都忘了。这几分钟真好！

基辅战役已进入高潮。一片平原一路延伸到基辅市郊，视野中只有少量树木和起伏的小山丘，森林后面的无线电发射塔清晰可见。左边是城郊的茹利亚内和米基尔斯卡（Mykilska），还有拥有85万居民的大城市基辅、美丽的教堂，以及地平线上几片烟迹后面的城堡。

那里正在战斗。我看到平原上每一片小树林周围都有苏军炮火，一团弹片就像棉花球一样悬在地面的裂缝上空。重武器部队正在攻击那里的一座掩体，当火焰喷射器喷出火舌时，这一幕战斗戏剧就结束了。坐在这里如此远离一场人对人的激战——如此遥远，但通过炮队镜去看又如此接近——感觉是非常奇怪的。看到战友们在拼死战斗，而我本人的生命却没有受到威胁，感觉真是奇怪。

炮队镜是一个非常棒的装置！轻轻一拧旋钮，别处正热火朝天战斗的场景就进入了焦点。红军在进攻一座榴弹炮阵地，敌我双方正在相互残杀。我可以看到加特诺耶附近的步兵战线，他们正在出村的公路上布置机枪阵地。然后，弹幕沿着砾石公路滚动向前，灰色的云朵在捷列姆基（Teremky）森林上空盘旋，空中传来战斗机的嗡嗡声。

所有观察到的个别场景，加上它们激动人心的画面的总和，真配得上"战斗"之名……踩踏的马匹、嘎嘎作响的发动机、泥泞的摩托车传令兵、火炬般燃烧的房屋、机枪的怒吼声、将目光投向天空的伤员、反坦克炮身管的后坐、泥土和烟雾形成的黑暗喷泉、弹片的嘶嘶声、炮弹的轰鸣声……号哭、咆哮、噼里啪啦、呻吟、呼啸、吃力的缓慢声响——这就是8月8日——基辅战役的第二天！

8月9日： 上午，苏军轰炸机发动了大规模空袭，我以前没见过这样的情况。有时，天空中同时有40到50架飞机，让我不由得想起几年前看过的杂志《未来战争》（der Krieg der Zukunft）里的未来派风格的图画。"基辅战役中的多米尼克"——如果形势不是那么严峻的话，人们可能会发笑。苏军元帅布琼尼为基辅空战放出了他的"燕子"。飞机的轰鸣声太大了，以至于你连自己的想法都听不到。苏联空军的那些敏捷的双翼飞机和"马丁"式轰炸机用炸弹和机炮空袭德军阵地，这是苏联飞行员首次同时用机炮扫射地面和投掷炸弹，这样炮弹和炸弹甚至在飞机飞过头顶之前就击中了地面。倒霉啊，战友们！我们必须重新考虑我们的隐蔽方式，我们必须去学习。

我们接到命令在10时前后发动进攻。感觉实在不妙！昨天取得良好进展后，我们师显然陷入了困境。炮声震耳欲聋，3个战斗群接到命令，迂回穿过雷区，与我们延伸过度的前线取得联系。我所在的战斗群的任务是在11时30分前到达捷列姆基庄园。指挥官和他的副官从加特诺耶赶来，今天一早已经在庄园就位了。我们不必听简报就知道穿越雷区并不容易，苏军炮兵在我们必须通过的区域构筑了3道炮火封锁区，更不用提弹片、地雷和轰炸机了。没有时间讨论；我们一声不吭就拿起了装备和武器。

片刻后，我们就开始执行任务，排成单列纵队行军。没有云层遮挡，日头酷热，闷热让我们要发狂。根据我们得到的命令，要带上两个通讯单位，他们将是前沿观察哨的一部分。这些可怜的通信兵背着非常沉重的箱子，小阿图尔（Little Arthur）在几百米后就摔倒在地。亲爱的上帝，我们将如何完成这项任务？我们到达了第一道炮火封锁区，但是没能穿过去。不要现在就放弃！一名战友将沉重的箱子背上，我们继续前行，路过臭气熏天的死马和战死士兵的尸体。许多残缺的尸体躺在我们前进的道路上，他们的脸漆黑肿胀。

我们现在离开了砾石公路，到目前为止一切顺利。4架敌机此时突然出现，飞得离地面非常近，我们都能感觉到螺旋桨打出的气流了。敌人跟踪了我们大约5分钟。我们为何要将自己扔进泥泞里呢？他们飞得这么低只是为了统计出人数，飞机的零星扫射没有造成任何伤害。我们这群人规模太小，似乎不值得发动一次真正的进攻。他们转身离去，将炸弹投掷到砾石公路的远处。

在谷仓（向任何一位在基辅战斗过的人问起加特诺耶的谷仓，他都会带着对布满血腥尸块的残破砖墙的回忆默默走开）——这个可怕的地方，我们暂歇片刻，因为它是整个战场上唯一有阴凉的地方。我们匆匆抽了一支烟，据说抽烟能镇静神经，然而对我们没用。我们可以清楚地看到穿过雷区、越过破碎森林、直通目的地捷列姆基废墟的路径。敌人凶猛的3道炮火封锁区极其令人害怕。我突然不再喜欢香烟的味道了。倒霉，真是霉运不断。小阿图尔非常兴奋：他内心的紧张感如此强烈，以至于他都开始讲笑话了。众所周知，在这样的环境下，平时沉默寡言又害羞的人会变成话痨般的小丑，他想出了其他场合即使想上半个小时都无法创作出的台词。重要的是，我们必须继续前进，命令就是命令，接受怎样的命令就要怎样执行。

11时20分，我所在的小组抵达捷列姆基庄园。我们是如何到达那里的，没有太多可说的！这是个奇迹！我们很幸运，经过了数百枚地雷，越过了一道只有少量落弹的炮火封锁区。我们到了，除了几处擦伤，所有人完好无损。可怜的无线电操作员花了更长的时间才到，沉重的箱子搞得他们后背都出血了。在区区几千米的路上，我们有多少次不得不趴在地上寻找掩护？如果有人认为我们可以很快从行军的恐怖经历中恢复过来，那就错了。

一下"雨"就是倾盆大"雨"——炮弹一枚接一枚向我们呼啸而来，炸碎了捷列姆基庄园可怜的废墟，碎片在空中飞舞。

我们的战友们组织了棋盘式的防空掩体。我们的前壕位置靠近最后一栋房子，就在一片有6棵被打碎的树木的菜园中间，我们必须爬行才能到达自己的掩体。当天空突然被那些该死的双翼飞机填满时，我们几乎没能进入那些掩体。这些飞机以中队队形从森林右边靠近，它们飞得越来越低，机载机枪伴随着飞机引擎的声音哒哒作响。他们非常擅长空中射击。我能看到飞行员坐从座位上探出身子，越过机身以搜索地面，并投掷可怕的手榴弹。我的胃开始翻腾，我今天早上喝的咖啡在身体里待不住了。它们飞来的时候甚至更低，飞过了我们的阵地，转向森林，机翼底部的红星在阳光下闪闪发光……只是安静地躺着，一动不动！我觉得钢盔越来越重。我睡了多久了？我将双臂交抱在脑后，闭着眼睛躺在地上，土壤凉爽宜人……

该死的。我真的在这一片混乱中睡着了。是的，我甚至做梦了。我们在散步，你和我，萝泽尔。我们就站在一块岩石上，那石头与我们在法尔肯斯坦（Falkenstein）最喜欢的石头很像。我们俯瞰着一片烟火弥漫的平原。你靠着我，开始默默哭泣。嗯，梦有时很奇怪。胡说！我勇敢的萝泽尔不会因为烟和火而哭泣。

现在敌人对我们的阵地已经狂轰滥炸了几个小时，风让令人窒息的烟雾笼罩着我们。红军把手里所有口径的炮弹都砸了过来——大口径炮弹、小口径炮弹、迫击炮弹……他们的弹着点非常精准。事实上，我们可以清楚地看到我们的防空设施在各处都被打得七零八落。有时，一只手指僵硬、痉挛的手或一只靴子会从防空设施下面伸出来。女士们，这些都是你们的丈夫和儿子，躺在地上，支离破碎了。此时此刻，你或许正在享受阳光明媚的日子，享受孩子们的咿咿呀呀或者他们闪闪发光的眼睛，你们不知道，很快你们就会收到一封让你的生活无法承受的信。不要去想这个！上帝保佑我！不要想这个！我们知道，在这场弹雨之中，我们的妻子和母亲将会比我们承受更多的痛苦。

下午，苏军的炮火突然停止。这是可以理解的，哪怕最强悍的士兵都必须休息一下吃个早餐。我可以想象他们是怎样坐在那里的，他们被烟灰熏黑的邪恶的脸上挂着笑容；我可以想象他们吃饭时的咂嘴声。

等一下，你们这些人，很快就轮到我们开炮了！

我们利用炮击间歇期，把门、栅栏、木板和横梁从周围区域拉过来，以便搭建工事顶盖。土墙已经加固，任何能够防弹片的东西都被排列在坑洞周围——木桶、管子、椅子、长凳……

正当我们对防御工事进行最后一次修补时，空气中突然充满了炮弹的尖啸声。

捷列姆基完全成了一片黑烟滚滚的海洋，最后剩下的砖块正被抛向空中。苏军的重炮炮弹一次又一次砸进庄园的废墟。我在半小时内数出了243次落弹。243乘以500块弹片——产生了121500块炽热的金属碎片，在地面上空飞舞，能把挡住它们的所有东西撕碎。或许你们谁能告诉我，在1000米半径范围内，是否还有一巴掌宽的空间没有被携带着金属弹片的死神穿透。

直到傍晚，我无法用语言来形容这几个小时的恐怖。我紧贴着坑底，因为害怕和恐怖陷入半疯狂的状态。难道就没人对我们这些近乎疯狂地在泥土里咬紧牙关的可怜人有一点同情心吗？

看在上帝的分上，如果必须去死，至少让我死个痛快！透过炮弹的呼啸和撞击声，伤员的呻吟和呼喊隐约可闻。离开掩蔽所的人会像上面的旧木桶一样被弹片砸得叮当作响。

经过漫长而可怕的几个小时后，天空终于变得黑暗而平静，我们的阵地恢复了生气。铲子在发出响亮的撞击声，火光冲天，最前沿的堑壕和散兵坑里发出呻吟和呼喊声。救护人员抬着担架奔跑过去，各战斗小组一同坐在堑壕里，划着十字圣符。火焰熄灭了，焚毁的房屋和谷仓不时发出噼啪声响。呜咽或哭泣声一次又一次像剃刀般穿透空气。

8月10日：早上，炮击再度突然来临。空中始终充满呼啸和怒号，仿佛有拳头将我的脑袋压在地上，犹如一柄铁锤轰隆一声砸入地里。大地在颤抖，泥泞的地面在扭曲，直至最终碎裂……6枚大口径炮弹落在离我们不到30米的地方，空气里混杂着泥土和火药的味道。如果天堂里仍有上帝，我恳求他将我们都干掉。让这一切结束吧，就这样结束……我再也承受不住了！我们中间肯定有人已经疯了，他从堑壕里跳出来，双臂在空中疯狂甩动，傻笑起来。当下一轮炮弹到来时，他最终跳进了带刺铁丝网，被弹片反复击中，变得支离破碎。可怜人啊！你是怎么了？我非常了解你：你结婚了，有4个孩子；你已经一年多没休假了；你有了……现在一切都成了过往！

该死的，我不能再像这样下去了！然后我做了一件极其疯狂的事情，我拿起还剩下些酒的杜松子酒瓶子，坐在堑壕边上喝了一大口，然后慢慢盖上瓶子，将它丢进邻近的战斗小组堑壕里。我还附上了一张小纸条，写着："还有一些混蛋吧？请把这个传下去。"这个附带小纸条的瓶子发挥了神奇的作用，大约10分钟后，它又被传回了我的散兵坑，有人在纸条上加了一句："这里没有混蛋。"

突然，一大群飞机出现了，随之而来的是一次奇妙的惊喜。3架梅塞施密特战斗机在快速接近，我不顾横飞的弹片抬头去看。空中格斗——露天空战！这是什么？3架德国战斗机转向了！德国战斗机退缩了？！俄国佬获胜了。它们俯冲至低空，机枪哒哒作响，被击中的伤员在大叫。今天上午，这出戏码重复上演了十多次。不足为奇的是，一些精神已经崩溃的绝望的家伙拿起武器，向撤退的梅塞施密特战斗机中的懦夫开了枪。

中午前后，炮火逐渐减弱，尽管红军炮兵继续向我们的阵地漫无目的地射击。一批食物被送到我们这里，第二批没能送来——被直射火力命中了，这发炮弹画了一幅鲜血、豌豆汤和脑浆一起上色的彩色画面。享受你们的美食吧！拿上这份食物，战友。我已经没了胃口。

这些家伙仍然在战场上，他们来到这里，让我们前线的生活变得苦不堪言。我们在这里已经够忙碌了，我们昨天和今天都流了大量血，无暇关心后方发生的事情。

下午，可怕的炮击再度开始。然后最恐怖的事情发生了：随着一股硫黄味的火焰出现，震耳欲聋的爆炸声响起，我们掩体上的梁木被撕成碎片，气流的力量将我们压在堑壕壁上，成团的泥土将我们盖住。当我从破碎的梁木里勉力爬出时，仍然处于半麻木状态。直到那时我才能看清全景。邻近的掩体距离我们大约3米，被炮弹直接命中。我看到一个大弹坑，一直扩大到我们的掩体。臭烘烘的黄色烟雾在整片区域都沸腾了。

该死的。他们都阵亡了吗？最重要的是，他——我们亲爱的中尉死了吗？我快疯了，跳进了弹坑，发现军服和四肢的碎片从泥土里露了出来。我匆匆在泥土里徒手挖掘，摸到了许布纳（Huebner）的头颅，这个脑袋已经被从身体上切了下来。最后，我发现我们的"小家伙"被土埋到了脖子。吕费尔（Rueffer）狂奔过来跳进了弹坑，我们一起挖个几秒钟，就能够把他从土堆里救出来了。要是我们亲爱的小中尉能停止可怕的尖叫就好了！我们从未听过他叫得这么大声。他只剩下几分钟时间可活了，因为他的下半身和两条腿被压成了一团肉酱。当我们试图把他从坑里抬出来时，一枚炮弹轰隆一声砸在我们身旁的地上，碎片像阵雨一样落在我们身上。吕费尔倒下了，中尉的尸体滑到我身上，他不再尖叫了，一块拳头大的弹片砸到了他的脸上。即使在死后，他还是用自己的身体保护着我——他最亲密的战友。

我的内心都麻木了，我的视线模糊了，我什么都不在乎了。即使他们毁灭了我们小组的其他人，也没什么，至少会让一切结束。有了和平，永恒的和平，这些恐怖时刻的记忆就将不再折磨我了。

夜间接到了撤退命令。"全师将在夜间撤到维塔河一线，以防御阵型重整。"一道命令，一个冰冷的句子，就像皮鞭一样抽打我们。前线的将士们明白，夺回一块浸透战友鲜血的土地意味着什么：这是在巨大的人员伤亡之下，一米一米辛苦取得的。

在夜色掩护下，我的战斗小组——还剩下5个人——摸索着穿过弹坑区，这情形一定在1918年的凡尔登战场出现过。红军继续向我们的阵地疯狂射击，然而我们在午夜时分还是抵达了砾石公路。没有人说话，没有人抽烟，根据师里的命令，当有飞机出现时禁止吸烟。谁会说话？！每个人内心都千回百转，为携带自己的装备都够费劲了。

我们终于到达维塔博奇托瓦亚，此地也遭受了严重打击。战斗小组里的一些人受了伤。我正要躺进一个散兵坑里睡觉，一名战友走了过来。"上面命令你们去找营长。"另外两个组长也在那里。老营长向我们敬礼，问道："有谁志愿带上我们亲爱的利贝特兰（Liebetran）中尉的十字架，回到前线去？"我向前走了一步，另两人则离开了，我几乎觉得他们是跑开了。营长将我拉到一边，对我说了一件我早就知道的事情：捷列姆基即便还没有落入苏军手中，也很可能成为无人区了。我决定不带任何人一同踏上这次死亡之旅。

8月11日： 十字架做好后，我将它扛在肩上，将手枪别在腰带里，将一枚手榴弹插进靴筒里，然后就出发了。我取最短的距离直接越过雷区，该死的，最直接的路径就在雷区的谷仓那儿。不必说，其他士兵认为他们面对的是一个疯子，观察所里的人也都觉得我疯了。然而，在过去几天，我的思维变得更加敏锐。我的直觉告诉我，苏军还没有掌握我们最新的动向，他们仍然一成不变地向我们早已放弃的阵地开火。这一次，村子（更确切地说，是房子曾经矗立的那堆土）和我之间没有炮火封锁。

一切进展顺利。我离村子越近，敌人的火力就越弱，最终完全没有了。我观察了一下周围，空无一人，沉寂令我神经紧张。苏军步兵会开始前进吗？该死的——这是我第一次真的害怕，真的惧怕。我双手颤抖，将十字架插到地上。然后，我在他最后的安息之地向他致敬，我那绝无仅有的战友，我们的中尉。我像孩子一样哭了起来。你现在想对我说什么，我的小中尉？"女人才会哭泣。振作起来，汉内斯！"

这几分钟的反思真的让我焕发了生气。放心，小中尉，你不会再看到我像个孩子那样哭泣，我很抱歉，就在过去的几天里，发生的事情太多了。随后我开始往回走。

难以置信，捷列姆基没有遭到炮击。我认为这是不可能的！天快亮了，我还有大约2千米路要走。不知道是苏军看到了我，还是纯属巧合，突然有五六枚炮弹就落在我身边。我立即趴下，紧紧抓住地面。就在我的左右前后，树木被爆炸的炮弹点燃。空中的呼啸和炮弹爆炸声与昨天一样，但昨天我可不是一个人！小口径炮弹在更近处嗡嗡作响，这些该死的东西毫无征兆地逼近；它们就在这里——"啾——嘣"（德国人称呼苏制 ZIS-3 型76毫米加农炮的拟声俚语）。炮弹爆炸了，在地面上炸出个浅坑，又释放出数以千计的弹片，将附近的任何东西都切成了碎片。

这是一次可怕的打击，当我想要再站起身时，我发现我做不到。我的右腿没反应，倒霉，我的裤子上有个大洞，血正从洞里向外流。我的双手也沾满了鲜血，脸上有种奇怪的拉扯感，鲜血开始从脸上滴落。那肯定只是擦伤，但是我的腿，该死的腿！伙计，你不能躺在这里，沦为那些红军的猎物！一定有办法！是的，确实有，我承受着巨大的痛苦继续前进。

谁在谷仓（或者谷仓以前所在的位置）？那是我亲爱的泽普（Sepp），非常感谢他的挎斗摩托车，这就是我眼前一黑时看见的东西。当我醒来后，他对我只说了一个字:"牛！"这让我真的很开心。我知道他这么说是为了掩饰自己的情绪，多么忠诚的人啊！他将我放进挎斗里，然后一路飞驰，直到开进维塔博奇托瓦亚才停车。在咒骂和大笑之间，他告诉我，我们的部队已经在瓦西里基夫（Vasylkiv）后方休息了几天，他认为这样一来，我就能在部队里恢复健康了。真是个傻瓜，这还用说嘛！然后，他从挎斗里挖出了最后一瓶伏特加。这是今天早上的小宴会。作为额外的奖励，我们还可以欣赏我军无敌的梅塞施密特战斗机击落24架飞机。"很抱歉，我们昨天向你们开枪了。"哦，好吧，在那之后，泽普叫我"牛"，我知道我们已经成为形影不离的战友。我的欣喜难以言表，在这几个小时里，我忘记了前几天的恐惧和痛苦。

8月12日： 我们抵达了巴拉赫特（Barakhty），受到战友们欢迎。营长默默握着我的手，深深凝视我的眼睛良久。其实他一言不发，就是对我最好的感谢。此后，我的伤口得到了清洗包扎，不幸的是，这一过程免不了引起疼痛。

然后，我一整天都在担心的时刻到来了：军医命令我转到野战医院去。有个战友对我眨了眨眼睛，说道："伙计，开心点！你会尝到家的味道……"我一拳打在他的脸上。营长看见了，走过来询问出了什么事，我请求他允许我留下和战友们待在一起。他转过身与军医简短交谈后说："我不能拒绝你的请求。你会留在这里！"真是美妙的一天！

我的担架就在铺满鲜花的草地上的果树树荫下。蜜蜂嗡嗡飞，蝴蝶正在嬉戏，我很高兴也很感激能和我的战友们在一起。只有前方传来的炮声，以及现在完全爆发的疼痛，让我想起了过去的日子。

我所在的战斗小组人数急剧下降。我们要在下一场战事中用上每一个人，不能指望补充兵。在这种情况下，和我的战友们在一起不是职责所在吗？我觉得营长明白这一点。

8月13日： 除了持续的疼痛，我一切都很好。天气非常好，还有我亲爱的萝泽尔，这位勇敢军人的妻子写的这些美妙的信件。营长像父亲一样照顾我，他给我鸡蛋、新鲜黄油、奶油和蜂蜜。我这段时间主要在睡觉，这有助于我忘记，我们有许多事情要忘记。

8月14日：红军战斗机今晚拜访了我们，投下了十几枚炸弹。在过去的这些日子里，我经历了那么多事情以后，这并没有让我感到不安。你可以听见前线传来像昨天那样清晰的炮声，显然苏军已经设法在第聂伯河上建立了一个坚固的桥头堡。那里的前线非常单薄，或许我们的休息结束了。那真是太残酷了，意味着我要被转移到野战医院。一个平民告诉我们，8个布尔什维克装扮成德国军人进入了村庄，要求德军增援巴拉赫特。如此，巡夜士兵的人数增加了一倍。在前线后方再小心也不为过。

8月15日：全师都出战了。参战的几个团从我们身边的街上走过。你们这些勇敢的了不起的小伙子，上一次在街上和你们并肩走向前线的战友在哪里？其中一名士兵向担架上的我走过来，与我握手。为什么不？我们同在基辅的不断猛攻中浴血奋战。他筋疲力尽，坐在我旁边，用我的瓶子喝酒，吃我的口粮，又拿我的最后一根烟抽了十口。然后，他对我说了他们从前线撤下来之前最后几个小时的情况："在撤退之前，我们布设了雷区。苏军不知道怎么发现了……"

死亡人数缓缓增加，第530步兵团几乎覆没，该团将会得到第528步兵团和第529步兵团余部补充。

8月16日：疼痛开始消失。谢天谢地，一切都在好转！

8月17日：3个反坦克炮单位一早出动去保卫村庄。我们收到消息，在基辅城外发现了一批苏军部队和游击队员，他们一定是打算穿过单薄的前线，从后方袭击我们的部队。其他特别部队、伞兵部队已经在后方较远的地方着陆了。这座村庄现在处在环形防御阵地里面。

8月18日：我第一次没有痛感，第一次尝试离开担架，起身走路。我在草地上目睹了对游击队员的审讯，一支侦察部队抓到了一个游击小组，正在审问他们。这个小组有3个年龄在18岁到20岁之间的年轻姑娘，一个17岁左右的少年。他们说自己是一家纺织厂的工人，因为没有订单而被解雇。他们的证件太新了，携带的钱对工人来说太多了。经过2小时的审讯，他们屈服了，招认是游击队员。他们的任务受自弗里德曼（Friedmann）少校。他们接受了以下命令：8月19日夜间，在瓦西里基夫附近加入第二个游击队。第二组将携带高爆炸药，姑娘们将会找出巴拉赫特和瓦西里基夫的德军指挥部，这两个地方会在8月20日被炸毁。

哇，我们真的非常惊讶，自己将会遭到袭击。我们还了解了他们的游击小组如何组织，他们以少男和少女混编小组的方式工作，大多是学生，每组不超过5人。他们的任务包括摧毁燃料仓库、弹药库、桥梁和公路，铺设航空信标，干掉哨所的士兵和摩托车传令兵。

为了确保成功，他们建立了一个完善且范围广大的通信网络。当德军进驻时，足以胜任的红军士兵（大多是政工人员）乔装成普通农民留守在后方，以便协调游击队的任务。他们现在正与这些恐怖团体携手合作，在未来很长一段时间里，他们在前线后方造成的混乱会让我们麻烦不断。

营长还是决定必须将这4人立即处决。我能看出他下这样的命令何其艰难，但这是不得不下的命令。

4个游击队员被带走了。3个年轻而精力充沛的少女都被蒙上了眼睛。这对我们这些习惯了与魔鬼和死亡搏斗的老家伙来说没什么，但这是3个非常美丽的少女，我们对她们怀有同情。无论如何，士兵得到的命令是向这些年轻的身躯发射金属子弹。我无法目睹这个场面，便退到最偏僻的角落里。最后，在看似永恒的一刻后，我听见步枪的齐射声。

对平民的战争不适合我们这些"前线猪"①，下午余下的时间里大家都非常安静。

8月19日： 苏军轰炸机正在空袭。我们出现了伤亡。一组游击队员被捕，经过短暂审讯后被枪决。

---

① 译者注："Frontschweine"是德语中的一个俚语词汇。直译的意思即"前线猪"，通常用来形容那些在战场上表现勇敢和坚韧的士兵。类似于英语中的"battle-hardened soldiers"（经过战斗洗礼的士兵）或者"grunts"（步兵）。考虑到作者描绘的东线艰苦战斗和生活经历，译者选择将这个词汇直译，以使读者较为直观地体会作者和德军战士们在战地所受的各种煎熬。

8月20日：我的状态好多了，伤口几乎完全愈合了。正是时候，因为我已经听到我们下一次任务的传言了。

8月21日：命令已下达，我们今晚将进入阵地。我在说什么？我们？我已经接到命令在后方留守。他必须给我下命令吗？经过短暂的交流，理解前线战士心理的营长，同意让我和战友们一起前进。

"医生，这个伙计在这里都要无聊死了！他应该和他的人一起上前线！"

真是太快乐了。这怎么就不可能呢？前线的阵地现在都已加强；几周前，机动进攻就暂停了。

8月22日：我们没有遭遇任何值得一提的敌军火力就换防到前线。堑壕太棒了。一个堑壕和坑道系统已经挖掘成形，射界非常出色。我们的阵地据守桥梁和维塔博奇托瓦亚村，如果红军想从这里突围，他们会撞得头破血流。

当天剩下的时间都被用来将堑壕挖得更深，修复铁丝网的封锁口。夜幕降临后，几支小部队布设了雷区。炮弹只是偶尔射到我们这边，大多数时候，这些炮弹都没够到目标，在维塔沼泽里就爆炸了。

8月23日：凌晨时分，苏军实施猛烈的炮火准备，而后试图强攻我们的阵地。一拨又一拨苏军逼近，又在我们的火力下崩溃。伙计，哦，伙计，这就像在进行打靶训练！这些家伙拥有的预备队令人难以置信！对我军设防阵地的进攻简直疯狂。无论如何，仍有大量新部队前赴后继。目前，他们都蜷缩在洼地里，列成与出发时相同的线性阵形。我们的炮弹将他们撕裂，机枪将他们放倒。然后，作为一名士兵，我看到了一些令我深受触动的事情：几个小时以来，敌军一直在勇敢地试图逼近这座桥。苏军在后方几百米的房子里架起了重机枪，为进攻部队提供火力掩护。再一次，18到20个人跃起跑向这座桥，结果被子弹和弹片撕成了碎片。

我们的2门反坦克炮和6挺机枪在向河对岸开火，想要从这里突破简直是疯了。阵亡士兵的尸体在桥前堆积，最后一拨进攻者中幸存的2名苏军士兵惊恐地向回跑。在离房屋10米远的地方，他们被自己的机枪哒哒消灭。在苏军全线撤退之前，这样的事反复上演了好几次。

8月24日： 酷热难耐，让我们挨了当头一击。现在我们有机会体验昨天"打靶训练"的负面效果了，数百具死尸就躺在下面的洼地里，散发出一股恶臭，让我们中的许多人开始呕吐。用湿手帕蒙住脸只能让我稍稍缓解，我头疼得厉害，还没有完全恢复标准的健康状态。

8月27日： 我几乎记不起过去几天的事情了。我发了高烧，被送回巴拉赫特。今天是我第一天不用量体温，高烧来得快去得也快，唯一剩下的就是令人痛苦的病弱感和橡胶般的膝盖。然而，情况并不那么糟糕，这里有黄油、鸡蛋和牛奶，24小时内一切都会好起来。

过了相当一段时间，我才在今天收到了萝泽尔和我母亲的邮件。一切都会很快好起来，而且会令人很高兴。一定会的。

前线急需每一个人，那里有激战，我需要和我的部队在一起。

莫斯科广播电台今晚有"德国时间"节目。我们，第299步兵师再度成为他们的话题。令人惊讶的是，那广播员竟会如此咆哮："第299师是一个杀人犯师（他像专家一样卷舌发 t 音）。已经下达了命令不再抓该师的俘虏。"莫斯科的先生们能说出我们师的名字，真是太荣幸了。他们的愤怒是衡量我们成功的标准，我们不成功的话，他们就不会如此愤怒。根据同一电台的广播，我们在兹维亚尔附近被歼灭了。然而，不知为何，我们现在给他们造成了巨大人员损失。无论怎样，我们知道将会发生什么！

8月28日： 今天是我的生日。我什么时候才能再度和我亲爱的家人一起庆祝呢？昨天雨后，天空又露出了晴朗的面孔。我对萝泽尔和埃丽卡，还有我的小公寓的宁静氛围无限向往，我什么时候才能再度睡在真正的床上，而不用睡在潮湿坑洞里？我什么时候才能再度过马路时不用留心枪声、呼啸而来的炮弹声或飞机声？梦想！梦想！它们何时能成为现实？

真是特殊惊喜，苏军铁道炮的长臂首次伸到巴拉赫特了。巨大的炮弹隆隆砸入地面，多么宏大的生日礼炮！在2个小时的巨炮射击后，三分之一的巴拉赫特村已成为废墟。

今晚我听了广播里的消息：发言人刚开始宣读第一条消息，就有人在大声喊出反法西斯口号。德国发言人的话遭到反驳和否认。根据响亮的吼叫，苏联的电台一定就在附近——在基辅？

我今晚就要回前线。我不在乎医生会说什么！

8月29日：我回到部队和战友们在一起了。这里发生了一些变化。苏军设法攻到了第一道堑壕，用手榴弹造成破坏，此后我们的铁丝网障碍物的深度增加了一倍。

堑壕之间有许多弹坑。有4个桦木十字架，上面套着钢盔，其中一个钢盔上有个大洞。舒马赫（Schumacher）也倒下了。

我们的阵地不再遭遇流弹打击，落点准确的炮火弹幕日复一日在这片阵地上滚动。

8月30日：苏军发动了猛烈夜袭。他们首次使用了那些该死的枪榴弹，杀伤力要大多了。第一轮炮击一大早就开始了，2人阵亡、6人负伤，我们的士气跌到了低谷。有人从后方带来消息，说有一支1000人的补充兵纵队正在向我们行进。我们一点都不喜欢这个消息。我们曾经希望在攻陷基辅后，会被送回德国重整。据传闻，这是过去的普遍做法。倒霉！"毛头小子们"来了！

就连我都相信了这些谣言！我会为此扇自己的耳光！任何逃出这口女巫大锅（witch's cauldron）的希望都将化为泡影，我越来越难以在写给萝泽尔的信中保持乐观积极了，但我必须保持，我知道我的信对于保持她宝贵的心态平衡何其重要。她会幸福快乐，不会了解我们沮丧的心情。

8月31日：在维塔河畔没有新鲜事！炮击、进攻和爆炸。炸弹沉闷地轰鸣，红军吼着"乌拉"。

9月1日：第29军军长汉斯·冯·奥布斯特费尔德（Hans von Obstfelder）上将收到了骑士铁十字勋章（他于7月27日获得这一荣誉）。

9月2日： 与西线的色当类似，基辅附近显然正在进行大范围机动。我们再一次成为大型钳形攻势的一侧铁钳。在为期一周的堑壕战期间，我们奉命流下献血。

9月3日： 老是等待，等待！我们不能发动进攻，但必须守住防线，对抗苏军日益增加的压力。

9月4日： 红军炮兵已经用各种口径的火炮对我们的阵地轰击了几个小时。我希望我们能做到。我们被压得平躺在散兵坑的坑底，等待攻击命令或结束这一切痛苦——被准确炮火直射命中。倒霉，都是倒霉事！

9月5日： 今天又是苏联空军的大日子，这在某种程度上是一个变化。布琼尼的"燕子"从基辅成群飞来，出于礼貌，他们最初将数千份小册子式的"名片"空投给我们。最终，几十个又大又长的"锡鼓"从天而降。

我的第一个念头是"燃烧弹"！但是由于他们是在我们头顶投下的炸弹，我们并不会受到直接威胁。我们好奇地看着树篱上方，又看了看下方的河谷，那些该死的东西掉在了那里。奇怪的是，没有爆炸，那些"锡鼓"突然爆裂开来，数百个小轴承在空中飞舞，它们就像锡罐一样闪闪发光。大约10分钟后，河谷里燃起了大火，到处都是黄紫色的小火焰。不久后，前沿观察所的一名观察员来到我们身边，他所在的小组近距离目睹了整个场面：6米至8米长的圆筒里装满了小罐子，圆筒爆炸后，里面的罐子旋转飞舞，爆裂开来，几分钟后，到处都燃起了火焰。白磷炸弹！

尽管如此，我们还是应该感谢他们，他们将谷地变成了火葬场，明天不会有尸体腐臭将我们的胃搅得天翻地覆了。如果布琼尼的"燕子"瞄得更准，会发生什么呢？出现"卡塞尔风味肋排"（卡塞尔是德国的一座城市），就像某人所说的那样，熏得很好。

9月6日： 3时去观察所换防。6个人进入孤寂的阵地。尽管我们早有预料，但这里还是很安静。嗯，至少是我们所说的安静：只有零星的炮击和一挺机枪的射击声。湿雾笼罩在我们阵地的上空，天气极为寒冷。雾气至少提供了良好掩护，当我们小心翼翼地缓缓爬过雷区时，敌人无法看到我们经过带刺铁丝网。30分钟后，我们到达了观察所的前沿堑壕，雾依然笼罩在谷地里的厚实河岸上。敌人可能想要在这片大雾掩护下突破我军阵地前沿，而我们是第299步兵师的眼睛。不到半个小时，我们就看到第一拨敌军在逼近。

掩护我们的炮火弹着点位置颇佳，消灭了前两拨苏军，但更多的大队苏军冲击了我们所在的部分前沿阵地。如果这种冲击继续下去，我们可能不得不撤回出发阵地，然而没有人说出这个打算；德国战士不会那么快就撤。我们的观察所迅速转变成了防御阵地。伪装防水帆布被拉开；为了让机枪就位，在坑壁上挖出了一个台阶；手榴弹摆成一排，随时可以使用；步枪都上了刺刀，为肉搏战做好准备。

红军设法突破到了我们阵地的右侧，相当多的红军士兵被地雷炸得支离破碎，但他们已经明白我们这处防御阵地的重要性，源源不断地送来援兵。他们的大队步兵不停进攻，炮火毫无间断，从很远的地方瞄准我们的战壕射击。

雾早已散去，阳光直射到我们身上，快把我们逼疯了。我们周围几处爆发了可怕的肉搏战。不必要求英勇的单兵作战，这里的每个人都是英雄，每个人都只是竭尽所能执行自己的战斗任务。

中午前后，布尔什维克终于被击退，一路败退而去。苏军炮兵实施了愤怒的报复，一轮又一轮炮击如雨点般落在我们的阵地上。大约17时，敌人的弹幕距离我们后方约100米，缓缓向我们移动。爆炸离我们越来越近了。就在瞬间，炮弹几乎击中了我们，轰鸣的炮声仿佛手风琴音那样逼近我们的头顶，3发、4发……我们立即躺在堑壕的底部。再一次，仿佛整个世界都爆炸了一般，传来一阵巨响，泥土在我们耳边飞扬，如同雨点般落在我们的钢盔上。

一块拳头大小的弹片就在离我不到1米的地方砸入地面。运气真好！战争中的人需要运气！与这次成功防御相比，我们的伤亡看来很小。我们这片防区的前方和最前方的堑壕里，苏军积尸如山。最糟的是，明天我们会因为腐尸的恶臭而恶心，我们将再度像护士一样用手帕蒙着脸到处跑。但事态发生了意料之外的变化：我们接到夜间换防的命令。没有人能理解这个消息对前线士兵的情绪会产生什么影响，有些人甚至可能哭了……这是一种情绪的宣泄。

传来好消息的传令兵就像半神一样受到赞美，他收到了我们最后的一些香烟和酒。换防在午夜完成，没有发生什么大事。凌晨，我们来到巴拉赫特的补给部队驻地。现在就是要睡觉、睡觉，多睡觉。

9月7日：酷热难耐。湿热的空气让每一个动作都在折磨人。苍蝇，成千上万的肥苍蝇，让我们的生活变成了人间地狱，它们日日夜夜无处不在，密密麻麻地落在任何可食用的东西上。一想起这些苍蝇是从哪里开始出现的……从成堆的尸体上和厕所里出现，我就没了食欲。这种情况偶尔会造成一部分严重后果，就是胃肠道疾病。

不能谈论休息或睡眠。由于前线后方的游击队行动在增加，这一区域颇不安全，为此开始实施令人生畏的哨戒巡逻，意图将在前线附近抓获的游击队员和变节者带回。这一次抓回的游击队员不是精力充沛的年轻姑娘，而是布尔什维克，他们望着我们，搜身发现了许多有趣的东西：俄语地图、数千卢布和全新的证件。由于我们已经因酷热而紧张易怒，他们的微笑让我们气得发疯。

审讯相当激烈而"有效"[①]。一把手枪对准了其中一名游击队员的脑袋，他只是微笑地说了一声"好啊"。此后，审讯者将他交给了翻译，翻译将他揍得鼻青脸肿。他招供了一切：他说出了得到的命令和下命令的人。

9月8日：夜间下起了小雨，现在已经变成了倾盆大雨，地面在几个小时内变成黑色泥地，昨天的公路和街道今天就变成了泥水流。污浊的水流通过溪沟流进了谷地，不过几个小时，谷底就变成了湖泊。你无法开车去任何地方，哪怕一千米都开不了。我们的靴子变成了过滤器，不幸的是变成了反向过滤器——泥浆进、水排出，留在里面的是泥。

我想起了前线堑壕坑洞里的勇敢战友。这些可怜的人！这种天气下，他们的衣服不会有一根线是干的，他们的散兵坑里会灌满一半的脏水。尽管如此，今天

---

① 原注：德语原文"schlagkraeftig"玩弄了文字游戏。"schlag"的意思是加热，"schlagkraeftig"的意思是有效的、使用武力的或简洁有力的。

炮火依然在呼啸。该死的，这场可怕的堑壕战何时才会结束啊！

9月9日：雨，更多的雨。我希望接下来的14天里不会再这样，不然的话，对基辅的进攻就会无果而终。

9月10日：同样的灰色泥汤。明天我们将再度前往前线，我内心的一切都变得灰暗阴沉。过去几天并没有给我们带来应得的休息时间，我们甚至比以往更加疲劳而腻烦，我们奉命回到前线，进入可怕的泥泞洞穴，忍受这糟糕的天气。

中午，我们接到最终命令。我们将要执行一项艰巨的任务：在扎波罗热（Zaporoshje）提供步兵支援。在前线的所有战区中，我们奉命前往这处可怕的地方。前线的这一部分已经尝到了比维塔博奇托瓦亚地区更血腥的味道，这是整个基辅西部战场中最复杂的战区之一。该地区森林茂密、沼泽广阔，很难监视，这使得苏军能做很多把戏。好吧，我们走着瞧。这里的情况一点都不乐观。今天我们至少有一件高兴事——雨停了。感谢上帝！

9月11日：太阳悬在空中，炙热而明亮。人们对公路和小路变干的速度感到惊讶。这所有的泥汤都是从哪里来的？尽管如此，重型车辆还是会在路上被困住不止一两次，车辆被困在泥泞里，直到没过车身。万岁！付出了巨大努力和许多汗水，它们被拉了出来。

通往扎波罗热的道路向我们表明了前线边缘一带的任务何其重要。在前线作战的部队后方大约20千米的地方，什么都没有，绝对没有。令人难以置信的是，这条粗大的战线延伸了几千千米，承受住了压力，一路向东侵蚀地盘。这与法国的战线不同。在那里，各军事单位被组织进入5千米纵深的阵地。首先是作战部队，其次是用于轮换和补充的各团，然后是预备队（行进中的各营），最后是应对紧急情况的一个师。

是的，大后方亲爱的先生们，在这里开枪的每个人都是英雄。每个人，即使是最弱的人，都需要成为东线的男子汉，否则他就会遭遇不幸。然后苏军将会突破我们的战线，在我们后面没有人能阻止他们。

很高兴听见特别通告。克劳泽（Krause）爸爸默然微笑（好吧，好吧，在贵妇小径过得怎样？）①。亲爱的克劳泽爸爸，让我们告诉你，我们已经经历过十多次"贵妇小径"战役了，谁知道未来还有多少次"杜马蒙"战役。克劳泽爸爸，自从6月22日以来，一直是同样一批人在前线流血！克劳泽妈妈也很开心，但方式不同。我的儿子在哪里？他还活着吗？他健康还是……即使他为胜利献出了生命，这位哀伤的母亲仍然会为胜利和德国国旗的荣耀而喜悦。她会为躺在苏联广袤土地某处、双眼睁大的儿子骄傲。哦，身处祖国的妻子和母亲们，我们知道你们很勇敢。我们不再是你们的儿子和丈夫，而是你们的战友，我们每个人都在以自己的方式付出他或者她的一切。

下午，我们到达扎波罗热，准备到晚上与一线部队换防。我们正在与骑士铁十字勋章得主阿尔布雷希特·兰茨（Albrecht Lanz）少校（第396步兵团）麾下的一个战斗小组换防。他们英勇战斗，我羡慕在这样一名出色指挥官领导下的战士。兰茨晒黑的脸上写满了智慧，充满了幽默感，他对每个人都好言相待或者说了个笑话。

我们的步兵接到的任务如下：组建侦察部队，对直达基辅的地区积极调查。让各兵种的士兵根据需要执行步兵任务，是这场战役期间典型的做法。已经没有指定的指挥部了，上级不再从安全的地方下达命令。现在，每个人，无论军官还是干事，都随时携带武器，每天要使用十多次。

9月12日： 苏军一定注意到了什么。事实证明，这次换防是一次糟糕的行动，造成了许多伤亡。他们用地雷、手榴弹和大口径炮弹来打击我们。

中午前后，一切安静下来。苏军没有抓住机会发动进攻，如果进攻，将会给我军造成混乱，产生许多伤亡。上午，一支侦察部队带着两名俘虏返回。一支特别顽强和狂热的敌军就在对面——精挑细选的布尔什维克党员，就像一支"红色党卫军"。

---

① 原注：参照第一次世界大战在法国埃纳省的3次战役。

一整天都有猛烈的炮火。如果苏军知道他们的对手其实规模不大就好了。是的，如果……他们往往对情况的了解并不全面，这是件好事。我们在他们自己的游戏中击败了他们：我们用巨大的烤炉管指向天空，构筑假阵地，整天都在防御工事上工作。

9月13日： 苏联侦察兵正在前线渗透。布赖通（Breitung）和小霍隆（Horung）遭到苏军突袭，被他们用手榴弹和刺刀打伤了，我和几个人一起冲过去，将他们从悲惨的境地中解救出来。我们返回的路上，苏军向我们脚边投掷卵形手榴弹，如果你正在运送重伤员，那情况就太糟了。我们在一个弹坑里隐蔽，这时一枚200千克重的炮弹呼啸而来，正好落在我们中间。我觉得那一刻我的每一根头发都竖起来了，炽热的弹丸从离我不到1米远的泥里露出了头。一颗哑弹！这是罕见的场面，其他时候落地的都是苏联的优质炮弹。不用说，我们以前所未有的速度离开了这个弹坑。天哪，天哪，如果那枚炮弹真的爆炸了，一个锡罐就足够我们这个10人战斗小组举办正式葬礼了。

我们将在晚上离开堑壕去执行一项非常危险的侦察任务。根据情报，苏军昨天布置了高压铁丝电网屏障，已经通电。我们的任务是找到电网的运作路径和发电站的位置。然而，这一次我们无法完成任务，因为苏军发动了猛烈突袭。一切发展得如此之快，以至于我们没有时间撤退到防线后方。我们陷入了困境，躺在离敌军前沿不到80米的一条小溪的深沟里。我们看到苏军士兵左冲右突，有时离得很近，我们都能碰到他们，还能听见苏军政工人员在下命令。我们很幸运，这是一个漆黑的夜晚，如果被他们发现，那我们就完蛋了。德军和苏军的曳光弹在我们躲藏的沟上纵横交错。这几分钟就仿佛几年那么长。大约1个小时后，苏军撤了回来，我们立即提供侧翼掩护，用机枪不停地扫射，一直打到枪管过热为止。然后，我们的战友到了，一切都转危为安。

9月14日： 一股可怕的冲击将我们从不安的睡眠中唤醒，布尔什维克正在用重炮向我部阵地射击。除了战斗岗位上的战士之外，每个人都躲在掩体里，因为在树林里爆炸的炮弹可不是每个人都喜欢的。我在树林附近最前沿的堑壕里站岗。

在犹如沼泽的草地上，爆炸声此起彼伏。一棵巨大的山毛榉树就矗立在离我大约100米的地方，其他人将它命名为"血山毛榉"，这是唯一一处干燥的地方，周围都是沼泽。红军不断想要从这个位置突破，这棵树明天就会被炸倒，因为据推测，它被苏军炮兵用作这片野地上的地标。这棵长得那么漂亮的树真是太可怜了。

一个人就躺在火线下，观察一棵树、阳光和任何在阳光下玩耍的东西——真是疯狂。伙计，汉内斯，这些难道没有让你想念心爱的陶努斯山脉的森林，还有和萝泽尔一起散步的美好周日吗？不对，你应该想的是那些正在猛烈触地爆炸的炮弹。

此刻，几枚大口径炮弹到了。对这样一处阵地使用远程火炮射击如此大口径的炮弹实在是太荒谬了！该死的！那是什么？我们的山毛榉树在哪里？一团汹涌的黑烟吞没了它。随着黑烟升起，山毛榉树开始倾斜，起初缓慢，然后越来越快，最后猛地倒在地上。我最先听到的是撞击的轰鸣声，然后是树枝撞到地面的声音。看吧，汉内斯，你那陶努斯森林的梦真的太不适合这里了。

今天午餐味道不太好，因为我们太紧张了。一个愚蠢的家伙给我们带来了消息，现在战壕里正热烈讨论着。首先是换防的命令，我们今天就将离开这里。但祸不单行，我们要回到维塔博奇托瓦亚的旧阵地，那是一个让我们损失了最精锐部队的可怕区域！其次，对基辅的总攻将在两天后开始。最后，终于！人们喜极而泣，这场可怕的堑壕战将要结束了。真令人难以置信。我终于知道为何我们必须在这场肮脏艰苦的堑壕战中打上几个星期了。海因茨·古德里安大将从北面，埃瓦尔德·冯·克莱斯特元帅[①]从南面，已经彻底合围了大片地区，他们实现了战争史上前所未有的巨大包围。

一百年后，人们可能还会讨论这一场围歼战。伙计，想象一下，几年后，当你陪孩子们做历史作业时，下一课的主题将是"基辅歼灭战"。然后你可以告诉孩子历史课本里都没有提到的事情——你的经历！伙计，保罗，你、我和其他人，我们都是此役的一部分！无论迄今为止发生了什么，我们可以参与其中不是很了

---

① 译者注：原文有误，当时克莱斯特的军衔依然是大将，尚未晋升元帅。

不起吗？谁会想到我们尚未完成这一战役，接下来的几个小时我们中的任何人都可能会死！但是今天，今天……明天我们将会换防，谁知道呢，后天我们可能会进攻。我们这帮"前线猪"中哪个人会考虑死亡？如果想着死亡的话，我们就无法战斗了。

9月15日： 这次换防没有遇到麻烦，天气也很好！每个人的心情都非常好，没有人哭丧着脸。消息渐渐传开了：进攻将于明天开始。我们现在讨厌面前这个拦住我们几周不许进入的城市，但是稍等，基辅，一座充满各种武器的骄傲城市。不久后情况就会改变！行军期间，我们惊讶地张大了嘴巴，过去3天时间里，许多任务都被完成了。

重型迫击炮和长身管加农炮已经就位，覆盖着伪装网。还有炮弹，大量炮弹。我们从未见过这么多炮弹堆在一起。

下午部队到达瓦西里基夫。我们做的第一件事就是吃一顿大餐，喝点酒，然后把自己彻底清洁干净。只有当你刮干净脸、洗完澡，才有资格在乱葬岗的角落里找到一块珍贵的墓地。与此同时，我们在急切等待上级下达进攻命令。

9月16日： 进攻从5时开始，主要目标是为总攻建立一个良好的出发阵地。一支前往加特诺耶的巡逻队提供了重要情报，他们在6周前已经遭遇了流血伤亡。看来苏军几乎放弃了他们最前沿的防线。他们撤退到一条设防更佳的防线了吗？

经过强攻，我军拿下了加特诺耶。下午，我们碾过维塔博奇托瓦亚，回到了原先的战线。就这样，我们完成了总攻所需的各种要求。我们挖掘了散兵坑，事实证明这是个好主意，因为苏军的炮击在我们完工后不久就开始了。我军炮兵进行了还击，近百门大炮一起开火，以便利用剩余的日光打击目标。位于我军防线深远后方的大口径火炮发射的炮弹不多，然而无论这些俄国人在什么地方，都会被炸死！

9月17日： 我们仍待在发动总攻的出发阵地。相邻的师仅取得了缓慢的进展。尽管苏军炮火猛烈，但我们经验丰富的一线士兵都能够得到一些喘息机会。历经磨炼的直觉告诉我们，苏军正在准备采取守势，而不会进攻。

中午前后，布琼尼的"燕子"突然出现。然而，局面与上次在捷列姆基不同。为了支援进攻，我军部署了大量88毫米和20毫米口径的高射炮。接下来的场面太棒了。

布尔什维克进行了两圈飞行，我们的高射炮一弹未发。太棒了！苏军无法看到我们伪装好的高射炮，他们觉得自己掌握了制空权。他们出动了和8月初一样多的飞机，然后一切开始了：20毫米高射炮的"哒哒哒"射击声和88毫米高射炮刺耳的炮声混杂在一起。在接下来的20分钟内，18架"马丁"式轰炸机在火光中坠毁在地。好吧，现在是动真格的了！

9月18日：过去24小时，我们的210毫米和305毫米加农炮一直在向基辅城郊的苏军防线射击，我们的斯图卡俯冲轰炸机在不断发动空袭。几小时后，一片黑云笼罩着这座城市。炮兵和空军的这些家伙打得很准。根据命令，基辅城的居民区不会遭到空袭。空军将会空袭要塞、火车站、弹药库和第聂伯河上的几座桥梁。总攻的命令在下午下达了，明天就是总攻日。伙计们，为这次大举进攻做好准备！这座城市已经在你们面前好几个星期了，你们可以摆脱对它的仇恨了，尽管目前还无法得到。明天——终于！终于！！

◀ 汉斯·罗特和他的战友在一辆Sd.Kfz.232重型装甲侦察车前合影。

（照片由克里斯蒂娜·亚历山大和梅森·孔泽提供）

向东进军与 1941—1942 年的冬天

编者注：

汉斯·罗特并不知道，当他所在的第299步兵师在基辅城前浴血奋战之时，德军最高统帅部爆发了一场大辩论，这场辩论将对"巴巴罗萨"行动和第二次世界大战的整个过程产生深远影响。

8月初，德军南方集团军群中由冯·克莱斯特指挥的第1装甲集群已经沿着第聂伯河下游向基辅以东推进了150千米，而中央集团军群中由古德里安指挥的第2装甲集群已经到达了北面的类似地点。布琼尼指挥的苏军西南方向的百万大军现在看来就像进入了一个突出部，德军的两个装甲集群如果在苏军集结地域后方合拢，就有能力将其吃掉。然而，将古德里安从中央集团军群调走就意味着让该部暂停向莫斯科进军。

希特勒是歼灭基辅突出部苏军的主要支持者，因为他相信歼灭南方的主要苏军集群，能让他获得顿涅茨工业区和高加索油田。他可能也本能地不愿重复拿破仑的进军路线，当年拿破仑直取沙俄首都，却发现自己拿到的是一件毫无价值的奖品，俄军的真正力量从他的两翼蜂拥而至。

德军总参谋长和中央集团军群的所有将

领都力主将莫斯科继续当作德军进攻的重心，因为出于政治、经济和通信理由，这座城市在1941年比1812年重要得多，斯大林在军事上的努力也不可能挽回这一损失。

希特勒赢得了这场争论。8月下旬，第2装甲集群从中央集团军群出发南下。几天后，第1装甲集群北进。9月14日，两个装甲集群在基辅以东会师。标记"G"（代表古德里安）的德军坦克与标记"K"（代表克莱斯特）的坦克会合，意味着布琼尼指挥的守卫乌克兰首都的西南方向苏军（包括西南方面军）注定覆灭。此战成为陆战史上最大的一次胜仗，德军俘获苏军66.5万人，整个苏联南部显然为德军的继续推进敞开了门户。

汉斯·罗特在同一时期写成的日记中看来没有意识到这些战略诡计，只看到在他对基辅的最终进攻期间（他所在的师是第一批进入基辅城的师之一），苏军的抵抗似乎已经消失。事实上，布琼尼得知两个德军装甲集群在他身后的动向后，就开始撤离基辅突出部，但斯大林撤销了他的撤退命令，要求他坚守阵地。布琼尼被解除了指挥权，而西南方面军司令员（基尔波诺斯上将）[①]后来在包围圈中阵亡。

第6集团军指挥官冯·赖歇瑙无疑是一名出色的指挥官，但也是当时东线所有德军高级将领中最"纳粹化"的，他命令麾下的部队无情地对待平民。在基辅期间，罗特的日记描述了他惊恐目睹的一次特别行动队（Einsatzkommando）屠杀行动，很可能就是娘子谷（Babi Yar）惨案。

在夺取基辅后，中央集团军群收回了第2装甲集群（第3装甲集群已经被派往北方去列宁格勒周围助战），后于10月初恢复对莫斯科的攻势。起初，德军在维亚济马（Vyazma）和布良斯克（Bryansk）取得大胜，但后来苏军召唤出了他们最强大的盟军——罗特亲自出色描述了它——"冬将军"。

如今德军在近2000千米宽的战线上深入苏联境内，发现他们身后的深秋公路坍塌成了一片泥泞，补给和弹药无法送达前线的部队。等地面结冰，车辆可以再度行动，德军又发现这是记忆中最早、最冷的冬季，这让仍然身穿夏季军服的德

---

① 译者注：布琼尼当时指挥的是包括西南方面军在内的西南方向的苏军，西南方面军司令员一直是基尔波诺斯上将。

国士兵几乎无法抵御冻伤，他们的许多武器在严寒中也毫无用处。最糟糕的事态发展是，苏军似乎拥有无限的预备队，包括西伯利亚部队的多个整师，他们为冬季战争备好了衣物和装备。斯大林实施了一次全线反攻。

这一时期，当德军显然步履维艰之时，希特勒将一些要求撤退到更便于防御的战线的将领撤职。其中有古德里安和南方集团军群指挥官冯·伦德施泰特，后者被希特勒最狂热的将领冯·赖歇瑙取代，但是他很快意识到前任的意见是正确的（赖歇瑙本人在几周内死于心脏病）。

汉斯·罗特所在的反坦克部队似乎在1941—1942年冬季充当了"救火队"，在一次又一次危机中被派出去救险，但是他的几次主要战斗是在奥博扬（Oboyan）进行的，此地靠近库尔斯克（Kursk）和哈尔科夫（Kharkov 或 Charkow）之间的关键铁路，而铁路位于第6集团军前进路线的顶点。

他不知怎样挺过了冬季，当春天来临，德军增援的生力军涌入前线时，他似乎既困惑又如释重负，尽管他在这本日记的结尾只是希望能再次见到妻子和年幼的孩子。

9月23日: 我们的后方正在激战。9月19日一大早,我们突入了设防坚固的基辅城外围。敌人目前没有我们想象得那么强大,在一场血腥近战中被击败了,9时前后,我们已经抵达城市西部。红军已经放弃进行激烈巷战。与此同时,德军的强大突击队从雷萨—霍拉(Lysa-Hora)方向攻打城内的城堡,11时之前,旗帜已在那里升起。

中午,我们到了基辅市中心,听不见枪声,宽阔的街道和广场都被放弃了。真是诡异。静默让我们紧张,因为这样一座大城市这么短时间就落入我们手中,简直难以置信。这是圈套吗?这座城市是布满地雷的陷阱吗?我们正站在火山口上吗?

这些是目前每个人都在问的问题,今天我们得到了所有这些问题的答案。为了引诱守军离开这座城市,不惜一切代价避免战斗,德军于9月17日在基辅东面组织了一次佯攻,并进行了大规模炮火准备。布琼尼① 下令发动一次强力反攻,将部队从精心准备的防御圈中撤出,从而几乎让这座城市完全暴露。在德军单薄的战线以东约120千米处,即佯攻的位置,是所谓的侧翼包抄部队。由于几乎没有遇到任何抵抗,布琼尼的部队为胜利陶醉,追击"逃窜"的德军。他们向东越走越远,到9月19日,已经远离基辅许多千米了。此刻,包围圈内的数十万苏军的命运已经注定。多么讽刺的命运啊!迄今为止,布琼尼仍沉浸在胜利之中,相信自己正在驱逐面前的一支惊慌失措、正在逃窜的德军,施加巨大的压力猛推他们,但只是推入虚无,因为敌人在一夜之间就消失了。苏军只与侧翼的一个军发生了小规模交战。无论如何,布琼尼认为自己已经将敌人切割得支离破碎(通信线路不畅可能是他毁灭性失败的主要原因)。

命运的讽刺:在这些庆祝胜利的日子里,相信布琼尼仍在基辅的斯大林,下令为这座城市打一场冬季防御战做好准备。然后,当天下午,这个消息像鞭子一样击中了苏军最高统帅部大本营:基辅落入德军手中。输了,满盘皆输!戏剧已经开

---

① 译者注:9月13日布琼尼就已经被撤职,此时应该是基尔波诺斯在指挥,也有可能是布琼尼的继任者铁木辛哥,但突围令是斯大林批准后苏联红军总参谋长、苏联元帅沙波什尼科夫下达的。

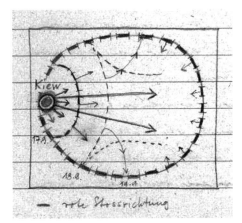

◀ *1941年9月17日—9月19日，汉斯·罗特绘制的基辅包围圈和苏联红军数次尝试突破德军包围。*

始了！ [1]

　　布琼尼依赖这条西部防线就像法国人依赖马其诺防线，那么这条西部防线看上去怎样呢？这不是一条常见的掩体防线；不，这是一个各种邪恶资源的集合体，只有偏执狂的大脑能构思出来。我将试着描述我们在9月17日、18日和19日的激烈战斗期间经过的一些可怕的死亡区域：

　　在加特诺耶后方，有几片农业合作社的田地，巨大的蔬菜农场。它们就那样无害地躺在阳光下，谁会相信，躲在这些植物中间的是最可怕的催命器——高压电流！植被顶部是几千米长的极细的金属丝。这道高压电网就托在孤立的细金属杆上，金属杆都漆成了绿色；一座掩体里的发电机在维持这道致命的高压电网。它伪装得如此之好，乃至于非常不幸的是，我们在人员损失不断累积以后，很晚才意识到这里有一道高压电网。

　　然后是魔鬼之沟，非常深，有几百米长。沟里埋设了地雷，只要一

---

① 译者注：作者并不完全了解战局的变化，此时苏军西南方面军已经向东突围，基辅被放弃了。

枚地雷被引爆，用引爆管在地下连接的整片雷场都会爆炸。与此同时，水管会爆炸，流水迅速淹没了两米深的区域。

　　甚至还有一些好东西碰巧就在地上，这些看似随机摆放的物品对每个士兵来说都很有吸引力：手表、几包香烟、几块肥皂等等。每个物品都与隐藏的引爆器相连，如果士兵捡起任何一个物品，他就会触发点火装置，引爆一枚地雷或整片雷区。

　　在这类起爆装置中，也有隐藏良好的绊网，会触发连接的地雷爆炸。这些怪物跳起3/4米再爆炸，到处喷洒起火的燃油。在别的地方，绊网之间隐藏的是数千锋利的钢钉，这些钉子上都抹了毒，会让伤者在10分钟后恐怖地死去。所有防御带上都散布着自动火焰喷射器，会在受到压力后启动喷火。

　　好吧，想象一下，在所有这些魔鬼般的东西之外，仍有常规战斗设施：两层式碉堡、自动武器火力点、沟渠、反坦克壕、数千米长的铁丝网、反坦克路障，以及布雷的普通街道和小路，外加防步兵地雷、诱杀陷阱、饵雷、反坦克地雷。现在，想象一下战斗期间的这整套地狱般的机关，这就是他们抵御我们进攻的防御手段。

　　起初是常见的炮击。步兵正在用他们的武器、坦克炮、高射炮、大口径迫击炮和小口径迫击炮射击。然后是76毫米步兵炮、野炮、122毫米长管炮、150毫米至220毫米重炮，最后是安装在铁路车厢上的火炮和基辅要塞里的几个中型白炮营在开火。

　　至于步兵战斗，起先如预料的一样：步枪和机枪射击，然后是布尔什维克的达姆弹、燃烧榴弹、"莫洛托夫鸡尾酒"（即燃烧瓶）、航空雷和雷犬。关于这些精致的布尔什维克奇异装置，我还有更多话要讲：我们熟悉源自西方的达姆弹，我无须再谈。至于我们称之为"燃烧榴弹"的东西，其实与手榴弹没有任何共同之处。从表面看，它就像曳光的普通步兵投射武器，可一旦这种榴弹上的磷燃烧殆尽，它就会炸成几块碎片。那些目睹这些怪兽所造成的伤害的人，永远不会生擒使用它们的敌军。这些魔鬼般的投射榴弹应该被《日内瓦公约》禁止！好让这些红色恐怖分子在这上面白费很多脑筋。

"莫洛托夫鸡尾酒"基本上就是在堑壕战中像手榴弹那样投掷的燃烧的瓶子，其打击效果如下：撞击后瓶子爆炸，里面的液体就在空气中点燃，烧起一团明亮的火焰；达到800至1000摄氏度的高温，产生大量白烟。想象一下这样的火焰会将你的军服外套烧成什么样！第二种使用方法就是用常规的步兵炮来发射。在中间部件的辅助下，可以在普通的步兵炮上安装一个发射杯，粉末状气体的压力让燃烧瓶最远射出200米。顺带一说，他们也用这种方式发射卵形手榴弹。

雷犬：我们在茹利亚内附近就射杀了十几头这样的德国牧羊犬。这些犬背着一个装有炸药的装置。据一名训练过这些犬的俘虏说，它们被训成携带3千克弹药去攻击坦克和其他车辆。通过装置上的木杠杆，两个安全栓被折除后，负载的炸药就会爆炸。据其他信息源所说，这些犬也受训去恶意攻击人类，对行军的部队造成了严重损害。

在维塔博奇托瓦亚前线的各个位置，红军空投航空雷。这种雷带两翼和螺旋桨，绑在一个半径半米的红色气球上，一旦触地就会分离。那些脏脏的虫子在地上挖开洞穴，直到碰到地下水位为止。

以上只是一个小样本，非常小的样本。然而，与人们至今所知极少的基辅的犯罪团伙自行策划的暴行相比，这算什么呢？据推测，基辅的所有公共建筑物都布设了地雷。在征服基辅2天后，有3座营房爆炸，其中一座有德军士兵进驻。从那时起，几乎每个小时空中都有爆炸声回荡；一座又一座工厂、仓库、医院和学校，都炸得火光冲天。

平民开始走出家门，慢慢变得更加信任他人。许多人已经好几天没吃东西了，中午，街道与和平时期一样繁忙。在车行道上，一辆接着一辆车向东行驶。补给车队、小型梯队和坦克，基辅的街道上从未如此充满生气，人行道上挤满了好奇的旁观者。

突然，难以形容的事情发生了：一场可怕的爆炸，在主干道的3个不同地方，升起的火焰比房子还高。巨石和撕裂的钢梁在空中飞舞，然后街道上充满了恶臭和浓烟。哭喊声和呻吟声此起彼伏，人们惊慌失措地四处逃散。许多人被建筑物的墙壁压死，或者在柏油路面上被踩踏致死。我们手里拿着武器，终于设法迫使乱哄哄的人群到了一条小街上。出了什么事？

烟雾消散后，我们看到了各种可怕的结果：宽阔的街道被撕开了百米长的口子。曾经有列宁纪念碑的地方，现在只留下一个巨大的深坑；街道两侧的四层楼房的墙壁都塌陷了。在冒烟的废墟下，一定埋着几百人。

平静与安宁结束了！几个小时后，两个整师接到命令，立即开始组建特别行动队。其中一个师的特别行动队接到命令，根据红军留下的一幅精确平面图在城里搜查危险分子和恐怖组织。另一个师的特别行动队和突击工兵一起被编入一个搜索单位，他们的任务是寻找地雷群和远程引爆装置。特别要提一提的是，盖世太保（GFP）和党卫队特别行动队正在狂热地工作，同一天下午，犹太人开始被围捕。稍后将对此事进行详细介绍。

审讯和调查得到的情况如下：

（1）造成中午可怕大爆炸的远程引爆装置就安装在列宁纪念碑内部；

（2）市中心有更多的远程引爆设备。尽管采取了各种严厉措施，我们还是没能得知那些远程引爆装置在哪里和如何工作的。最有可能的是，乌克兰国家博物馆似乎被人暗中做了手脚。我们一整晚都在这座纪念性建筑物里搜寻。虽然里面的那些大房间凉爽宜人，但我们都汗流浃背。该死的，爬进这样一座庞大的建筑物真是太糟糕了，恐惧总是笼罩着你，会让你想起自己随时可能和整座房子一起被炸上天。

最后，就在地下室的一间小耳房里，我们听见了时钟清脆的滴答声。声音是透过墙壁传来的，没有电线，没有导体，什么都看不见。这太可怕了！我们该怎么办？我们继续搜查了半个小时——对我们来说简直是永恒——寻找这个让人下地狱的装置。我们随即接到命令立即撤离这栋大楼，整个街区都疏散了人员，设置了路障。多么戏剧性的事情。我们怎么还能保持清醒？

就在22时30分，这座巨大的建筑物爆炸了。五六个街区一上午都在燃烧，不仅是这里，城市里有许多地方都喷射出冲天大火。巨大的爆炸声如同雷霆，基辅上空盘旋着一团血红色的云。

9月24日: 凌晨,各野战单位接到命令清空城市。感谢上帝,只有当地的指挥、行政和安保人员才要留下! 今晚我们没有合眼;一次爆炸接一次爆炸,我们所在的区域没有一扇窗玻璃是完好的。这些房子的墙壁都带着裂缝。

我们转移到米基尔斯卡—博尔夏希夫卡(Mykilska Borshchahivka)的外缘。住在这些漂亮的房子里非常舒服——只有上帝才知道我们根本没有被宠坏。伙计,这里还有鸡。著名的石蜡炉子(Primus)生起了火,不久营房上空就能闻到一团诱人的烧烤气味。有那么几个小时,整场战争都被我们抛诸脑后,但这样的惬意是不被允许的,别被逮个正着。

午夜前不久发生了可怕的爆炸。灰泥顺着墙壁往下直落,冲击波重重地砸门,窗户嘎嘎作响,食物都来不及下咽,我们抛下一切跑了出去。一团巨大的蘑菇状烟云笼罩着这座城市,一定发生了什么可怕的事情。突然之间,食物就不再美味了,没有人再动诱人的烤鸡腿。每个人都承受着巨大压力。

我们在等待,等待有关已经发生的事情的消息。傍晚我们得知了更多消息,城防司令部驻扎的基辅城内最大的酒店发生爆炸,其他大型行政机构建筑物也被炸毁。整座城市的四分之一都在燃烧,废墟下有数千平民,高级军官和许多士兵也一同丧生。有人报告称,挤满了军人的赌场爆炸了。

真是骇人听闻。很长时间以来,这些勇敢的一线部队士兵首次看电影,正在开怀大笑,开心得不得了,几秒钟后,他们就被这帮匪徒的地狱爆炸装置撕成了碎片。以后会出现一场可怕的报复……

9月25日: 今天一大早,我和另外3个人开车去了捷列姆基。这是一项非常敏感的举动,整个地区仍然布满地雷,部分被黄土所污染。即使现在,在战斗结束后的日子里,空荡荡的阵地仍在威胁我们的生命。"死亡之地"安静得令人毛骨悚然,但仍然危机四伏,因为成千上万千克炸药还埋在地下,等待有人错踏出一步,在尖锐无畏的火焰中升空咆哮。

责任是一种沉重的压力。我应当独自前往,自担风险。但现在在他们的请求下,其他三人已经说服了我,我带上他们同行。

这里的一切都很险恶,可怕的战斗痕迹犹存,但是这里的空中没有尖叫或呼啸声，也没有雷鸣般的爆炸声。

在维塔博奇托瓦亚——没有连续射击的空间，我们笔直地走向靠近田野的地方；几天前有谁能想到这样的场面。

我的上帝，多么凄惨的景象！

沿着整片捷列姆基的高大森林，友军和敌军的尸体仍然躺在那里，就按照他们6周前死去的模样。是的，这片捷列姆基森林，曾经是一片壮丽的森林，但现在只有被撕裂的树干，还有冲击着我们神经的恐怖景象！该死的，一个士兵不该像行人那样在尚未吸干所有鲜血的战场上漫步，那里的铁丝网上悬挂着一些东西，是士兵们在战斗期间穿行时被铁丝扯下来的，但是在战斗之后——不，不！然后我们到达了一堆巨大的瓦砾前：捷列姆基。

我们的周围犹如月球环形山一般。这些曾是我们战斗过的阵地。然后，我们站在埋葬阵亡战友的地方。土地已经被翻腾了许多次。什么都无法辨认了；他们最后安息的地方，现在成了巨大的漏斗，在底部积满了浑浊的地下水。幸运的是，年轻的妇女、母亲和新娘对这一切一无所知，

这些的确是我们的阵地。成千上万发炮弹把这里炸得支离破碎，人们只能想象沟壑和通道是怎样的走向，无法想象你曾经在那里一蹲就是48小时。令人难以理解的是，竟然有一些人能逃离这座地狱。

我们开车返回，没有人说话，默默地各怀心事。别了捷列姆基，别了所有亲爱的逝去的战友。对这片土地的记忆是沉重的，谁在有生之年能忘记这些恐怖之所呢？

我们朝升起巨大浓烟的地方返回，回到燃烧的基辅城。可怜的城市！我们曾手下留情，但这样做对我们自己来说可能并不明智，现在你的体内燃起了熊熊烈火，你的身体在可怕的爆炸声中抽搐。

这场可怕的战争何时才能结束……每个人都告诉我，我过分悲观，看到世界一片漆黑——不，战友们，正相反，我看到了白色，我看到白色的雪域，你们中的许多人都死了。

别多想了，汉内斯，看在上帝的分上，别多想了！

9月26日：数公里宽的市中心成了一片火海，火势越来越大，吞噬着市中心。今天上午，又有两个城区被疏散，大约2万人无家可归；他们中的一半人正带着他们的所有物品占据了邻近的街道和广场。

多么凄惨的景象！

今天早上，工兵炸毁了附近的公路；不得不炸。党卫队特别指挥部极其繁忙，审讯和处决一直没有间断。有些可疑分子就在街头被枪决，他们的尸体仍在倒下的地方。男人、女人和孩子们从尸体旁走过，有说有笑："尼切沃"（nitschewo），这没什么特别，一个死人，没什么！

鞋底就踩在新鲜的血泊之中，宽阔的人行道上布满了血红的痕迹。

党卫队特别行动队也非常忙碌。所有犹太人无一例外在25日中午之前报到。当然，只有一半犹太人出现，但没有人能避开我们，因为城市周围有一条严密的哨卡封锁线。就在我们遭遇炸弹袭击的当天，为丧生战友复仇的行动就开始了。现在，24小时后，已经有2000名犹太人被送去见耶和华了！

我与这个"杀戮行动队"的一名年轻党卫队士兵长谈了一回。他们"解放"了我们在前进过程中接触过的所有较大城市里的犹太人，非常清楚自己执行的屠夫任务；这些少年都是经验丰富的刽子手，我为之惊讶。我们这些第一攻击波次的士兵从未想过我们离开的城市里会发生什么事情，因为我们正在追击敌人。

前线士兵的视角是向前，朝向敌人的。这个党卫队特别行动队的士兵向我讲述了在日托米尔对犹太人的大屠杀。"那时我们是血腥手段的初学者，"这个19岁的年轻人说（着重强调了"血腥"二字），"两天时间里，他们不得不挖掘50米长的壕沟，每条壕沟可以容纳250名犹太人。我们在日托米尔一共杀了1800名犹太人，此前有5000名犹太人以某种方式死亡了。

"然后，就在壕沟备好的第三天，从婴儿到最年长的老者，每个人都必须脱光衣服。前250人必须走到沟边，2挺机枪呼啸开火——下一批人被向前赶，他们必须爬进沟里，将死尸妥善一一摆放就位，不能浪费空间——大一点的地方正好放着死去的孩子们——向前，向前，必须放进1500具尸体！然后，机枪又在空中扫射，到处都有人呻吟，机枪短促地再度射击：下一批！这样的屠杀一直持续到晚上。我们的时间太少了，住在这个国家里的犹太人太多了！"

最初我根本无法说话。这个年轻人说起这件事，就仿佛他在随便猎野鸡。

我不敢相信这一切，并且对他这么说了，他大笑着说我应当看看那种场面。

我们骑着自行车去市郊，到一道陡峭的峡谷去。我长话短说，胃里的食物翻江倒海。我在那里看到的东西很可怕，这恐怖的画面我一辈子都不会忘记。犹太人就站在峡谷边缘，机枪正向他们扫射，他们从50米高的峡谷边缘坠落。

任何在峡谷边缘的东西都会被"扫"下去，当1000人被杀光后，这堆尸体就会被引爆封埋。

"嗯，这不是一个绝妙主意吗，引爆？"金发少年微笑着问道。

我的上帝，我的上帝。我一言不发转身就往城里跑，而不是步行回去。

这名才少年19岁！所有这一切不光会在衣服上留下痕迹；当这些人回到祖国，回到他们的新娘和女人身边时，会发生什么？

9月27日： 市中心的大火仍在继续。新的爆炸，新的火灾爆发，储存的弹药爆炸。

9月29日： 再次上路！经过24小时强行军，我们今晚到达普里卢基（Priluki）。我们驱车穿过乡村，不时会遭到几个在被遗忘阵地里的士兵枪击，他们很快会被击败。被围的5个苏联集团军已经被彻底击溃，保守估计我们手中有65万俘虏。看不到头的俘虏纵队从我们身边经过。也许他们就是与我们对抗了几个星期的人，几天来他们都在被人遗忘的阵地上坚持。我们包围了他们，将包围圈越收越紧。

长达一小时的炮火无情地歼灭了那些被困的人，不投降的是疯子。

苏军排起的长队从我们身边路过。他们是什么样的人？

在他们的眼睛和举止中，有一种奇怪的、沉闷的、完全非欧洲的甚至非人类的东西。他们就像兽群中的动物一样是出于本能去战斗。驱使一个人为了一个更伟大的理念而牺牲性命的，不是个人勇气，而是对危险的本能防御。

信念有意识地摧毁了一切有灵魂的东西，一切个人与私人的东西，而正是这些东西构成了一个人的性格和价值。这就是为什么布尔什维克对敌人和对自己都如此强硬、固执。就是要这样理解苏联在这场战争中的态度，看起来是勇敢的东西其实是信念!

9月30日:我们将在普里卢基停留几天,为的是扫荡周围森林里的每个布尔什维克。就苏联的条件来说,我的住处还过得去。当大多数人蜂拥而出时,我在留守,因为必须绘制重要的地图和战术图。

我首先将自己彻底洗干净,刮胡子,然后睡上几个小时。午餐时得到了野战流动厨房的慷慨帮助。

我不得不一次又一次地问自己,在俄罗斯最富裕的地区,在欧洲粮仓,人们怎么可能挨饿。这些布尔什维克牺牲了生活和幸福,以换取数量上无与伦比的军备。

如果我们的箴言是"先要大炮,后要黄油",苏联的箴言则是"没有黄油,没有住房,只有最基本的衣物。没有文化,只有大炮!"缴获的武器比我们预料的苏军的全部武器都要多得多,更别提飞机、坦克和自动武器了。至于红军战士,他们是我们迄今遇到的最顽强的敌人、最冷酷的战士。

基辅城外6周的堑壕战要比以往任何时候都更好地证明了红军战士的实力和弱点。他们的力量在于防御,天性让他们能够巧妙地利用所有地形上的优势。红军战士最鲜明的特点是能坚韧地坚持到最后。事实证明,苏军在弃守地区的布雷总是新颖的,而且总是伴随着新技术更新。大多数时候,他们都会用有效时长未知的定时引信。在这方面,撤离基辅就是一个杰作,因为在过去几天时间里,我们排除了一些延时达到165天的地雷。

事实证明,苏联人是建造伪装设施的大师;他们的野战阵地出类拔萃。他们的进攻主要是在坚忍的大规模前进中进行的;如果他们没有成功,就会再度进攻直到成功为止。几乎一直是这样,他们的进攻反复出现的特征是在坦克支援下用密集的炮火在战场上进行火力准备。进攻时间通常在黄昏或夜间。步兵以密集队形当先前进,通常是笔直行进。他们到达一定位置后的掘壕作业,快速而熟练。

苏军偏爱游击战,他们在这方面通过灵活的战斗方式获得了冠军。游击战争是红军领导层精心策划、准备和执行的。

别忘了还有炮兵,那些布尔什维克炮兵连,他们的力量比我们想象中要大得多。他们各种口径的火炮似乎无穷无尽,我们甚至在规模最小的战斗阶段都会遇到他们。除了苏制火炮外，苏军的军火库里有其他国家的几乎所有制式火炮，包括法国、英国、美国甚至德国（克虏伯）火炮。偶尔会遇到发射火箭弹的炮兵连。弹药数量和质量都很好。

一个特殊地方堆满了燃烧手榴弹，我遇到过几种不同的燃烧手榴弹，比如白磷弹和铝热剂弹，火力惊人。苏军总是大量使用这些弹药。红军炮兵连的毁灭性火力通常连续几天瞄准一个目标点（我们在捷列姆基经常遇到这种情况）。在小规模战斗活动中，即使最小的目标，如单个骑手或传令兵，也会受到不成比例的弹药攻击。

无线电操作是他们海量投入的领域。苏军在这里用许多灵活的方法操作无线电，但是这并非决定性因素，因为他们会进行欺骗性的无线电通信；撤退期间，在司令部离开很长一段时间后，无线电台还留在原来的位置。但那又怎样！在红军总参谋部和各师之间，通常只有一条无线电线路；在师、团和营之间，只用传令兵联系。

10月4日： 比预料的快得多，我们在10月1日早上离开了普里卢基。通过24小时强行军，我们应当到达奥尔恰纳（Olchana）附近前线受到严重威胁的部分。在罗姆内（Romny），漆黑的夜晚，在一次疯狂的混乱中，我与我们的部队失散了。和勇敢的泽普一起，我们俩在两条战线之间被严重破坏的区域徘徊了好几天，一直找不到我们师。在普提维（Putyvi）桥头堡，我们偶然遇到了古德里安麾下的装甲部队。

今天早上，我们终于在南面112千米处重新发现了我们的部队。仅这次冒险之旅就足以填满这本日记的所有页面了。

10月5日： 我们再度收到一道重要但有风险的命令。在第299步兵师到达四五天之前，奥尔恰纳当地将由机动装甲师守卫，抵御敌人压倒性的火力。

今天早上出发之前，第9装甲师的几辆战斗车辆将敌人击退了几千米，让我们得到时间挖掘战壕和工事。匆忙中，我们仅仅挖掘了那些必要的阵地。天哪，天哪，空中有东西！"你们被抛弃了，小部队！"

▲ 俄罗斯顿河附近阿克萨里斯卡亚 (Aksariskaya) 村的典型木板 (Panje) 小屋。
(照片由霍坎·亨里克松提供)

我们是一线部队,第二拨到第六拨部队都在一起,没有步兵,没有炮兵——什么都没有,真的什么都没有! 实在是一团糟!

就像在捷列姆基的日子那样,成群的苏联空军战斗机和轰炸机紧盯着我们狂轰滥炸。一座又一座小木屋被火力摧毁。晚上,俄国人高呼着响亮的"乌拉"声攻打我们的阵地,直直冲向我们的机枪火力。夜间,那边活动异常。一个情报单位送来了侦察兵;红军又派出了一批部队。

10月6日:晨光熹微,红军再度进攻。然而,这次强攻我们的不是业余战斗人员,而是经验丰富的"兔子",尽管早晨天气凉爽,他们还是让我们汗流浃背。通过一次小心的反击——我们不能用自己仅有的一些兵员一起冒险——我们成功击退了红军,甚至还抓了一些俘虏。不幸的是,我们遭受了人员损失,其中包括两名精锐:福雷斯特(Forester)中尉和科尔(Kohl)中尉。可惜,太可惜了,这样优秀的汉子!

今天下午,美制轰炸机首次来拜访我们,用机炮点燃了最后一座小屋。过了一会儿,敌人又开始进攻了;我们必须撤离阵地,向东北方向的丘陵撤退,所有人都且战且走。只有全力以赴,我们才能阻止那些咆哮着的大队苏军。该死的! 我们是否像卡尔·梅(Karl May)的小说中那样跌跌撞撞陷入了牛仔和印第安人的战争?! 他们就像敏捷的猫一样爬进了树林,子弹从不可能的角度向我们袭来。就像我们在拉贝里耶(La Berlières,在法国)期间遇到的黑人那样,他们紧咬住长刀。该死的! 先生们,看来我们要变成尸体被掩埋了!

就在我们最绝望的时候,"奥尔恰纳奇迹"发生了! 援军到了! 突然间,他们来了,我们勇敢的步兵战友;在激战之中,没有人看到他们到来。越来越多的人到达,一组接一组地进入我们的防御阵地。

同一天晚上，苏军被我们的反击打退到远处。不幸的是，我们在黑暗中看不见敌人。我们夺回了旧村庄阵地；步兵提供了强大的掩护火力，让我们可以睡上一觉。这是前线兄弟情！不久，我们就在肮脏的坑洞里鼾声大作，沉沉睡去。

10月7日： 天气正在变化，一股冰冷的北风在广袤的平原上呼啸而过。寒气慢慢地渗入我们破旧的外套。我们的手又麻又硬。奥尔恰纳一片狼藉，哪里都找不到一个能给我们些许温暖的房间。慢慢地，我有了一种预感：哪怕最不可救药的乐观主义者也逐渐明白，最艰难的部分仍然在我们前方；第二个无情的敌人——苏联的冬天正在到来。

今晚苏军没有进攻；夜晚平静地过去了。

10月8日： 天气变得异常寒冷，降雪和冰风暴从北方到来。在这种恶劣的天气下，任何一种作战行动都是不可能的。尽管如此，我们的突击分队在晚上必须继续前进。

公路变成了泥泞的河流，人和机械都竭尽所能。没有任何重大接敌情况，我们继续向涅德里盖洛夫（Nedrygaylov）行军。路上躺着死马、被遗弃的汽车、焚毁的坦克、被撕成碎片的军服、散落在公路和田地里的弹药，以及被摧毁和践踏的收成。到达涅德里盖洛夫后不久，我们与行军中的第165步兵师擦肩而过，这个师已经开始对邻近地区发动进攻，我们将会保护他们开放的侧翼。夜幕降临时，我们垒出了冰屋[①]，等候苏军进攻。然而什么都没发生，敌人一定撤退得更远了。

10月9日： 向苏梅（Sumy）方向追击撤退的敌人。

10月10日： 无情的阵雪夹杂着雨水，使得我们寸步难行。昨晚我们到达了克拉维诺（Krawino）。雨水将我们周围的壕沟都变成了湖泊，我们被可怜地困在窝里。

---

① 译者注：igloos，指北美洲极北部因纽特人的拱形圆顶冰屋。

在无线电广播里，我们听到了维亚济马和布良斯克附近包围战胜利的消息。

东线战事基本上已成定局。苏联红军残部距离覆灭只有一步之遥，苏军领导人已经逃离了莫斯科。东线结束在望了吗？我们从喇叭里听到了这样的说法，甚至还有更多说法；这肯定会登上国内日报的头条。我抓着自己的脑袋——这怎么可能？我们的领导层一夜之间都疯了吗？这一切都不是真的，不可能成真，身处战场的我们对将会发生什么事情都太清楚了。这些先生的眼睛上都蒙着眼罩吗？！

国内会怎样想呢？我们的妻子、母亲和新娘听到这个消息时，会幸福得发疯，她们将喜极而泣，以为可怕的流血将在几天后结束，她们会期待丈夫和儿子最迟在圣诞节前回家。

看在上帝分上，现实是完全不同的。东线的大军正在面临精神上的终极考验，我们德国人不习惯在严寒和泥泞里进行冬季战斗。真的有必要使用这样的手段，报道这种极端令人厌恶的内容吗？在国内，人们将会从这些幸福的幻想中痛苦地清醒过来。过不了几周，报纸上将满是前所未有的黑色十字架。

10月11日： 又是一场强暴风雪！突然之间气温降至零下7摄氏度！道路被冻结实了。如果有燃料的话，是的，如果有的话，我们就能前进！加油车和补给车辆仍远远落在后面，不知在什么地方无望地陷进了烂泥里。大约60%的汽车不知道被困在什么地方的泥里。没错，这就是胜利大进军看上去的样子！泥泞的季节才刚刚开始，经过两天的降雨，我们已经蒙受了这些损失。这一切都与昨天的胜利宣传太不相符了！

10月26日： 今天，我几天以来第一次没有发烧，我住在一间臭烘烘的小屋里，一些稻草就是我的病床。这次我没逃过奸诈的高烧。在那间半暗半明的冷清的房间里，我觉得自己被彻底抛弃了！

10月27日： 天气一直是一样的：大风和雨雪交替而至，天空灰蒙蒙的。公路和田地也一样：到处都泥泞不堪，有时深达一米。补给问题已经成为一个大麻烦。虽然这并不意味着我们没有任何东西可吃，感谢上帝，这里有许多鹅和鸭子，但我们想念香烟、糖、咖啡和所有只能从后方供应给我们的好东西。这就是罗特中士今天用报纸和德国茶叶为自己做了一支代烟的原因。其实它的味道不坏，而且有人这样做了几次代烟。我们试验了最疯狂的混合物。一些小组将时间花在制糖上，另一些小组则试图从干面包里蒸馏杜松子酒，这样他们就可以得到纯净的无色无味的酒精提取物。这一切都发生在散发着臭气的小屋里。在这种糟糕的天气里，任何不必出门的人都要留在这些可怜的棚屋里，选择忍受这些猪圈里令人厌恶的一切。

这种小屋的内部是什么样子呢？显然，这样的小屋只有单一的生活空间，我们要和一个七口之家住在一起。

小屋中心是一口巨大的炉子，大约占整个房间的三分之一，这房子或多或少是围绕炉子建造的。紧挨着它的木制帆布床就是全家的卧室了。在帆布床下面，还有炉子周围的许多壁龛里，存放着他们的贵重物品。有猪在嗷嗷叫，有鸡在栖息，还有储存的土豆和其他物资。

天花板上随处安置了挂钩，钩子上悬挂着一个摇篮；天花板上用绳子挂着一个装小孩的木盆。苏联老大妈一天要耗费许多时间让摇篮一直摇啊摇，与摇篮相连的吊索绑在她脚上，从没解开过。她只有和家里的其他人坐在一起，享用没完没了的土豆晚餐时，才会离开这个地方。任何能拿着勺子的人都会坐在一口巨大的锅旁，在响亮的咂嘴声和咕嘟声中，他们"用餐"，直到吃饱打嗝为止。所有这一切会让人感到一种史前氛围感，人们在早期文明的小屋里意料中会感受到的那种氛围。

拥有纸张就意味着教育和财富。那些即使只有少量纸张可以装饰墙壁的人也很清楚这种奢侈。在我们的小屋里，有撕碎的报纸碎片、旧课本上的书页、收据、儿童画的画，还有墙上的"装饰"涂鸦。

出于对孩子们画作的欣赏，以及对报纸的深厚感情及其多用途的应有尊重，人们看到这些"装饰"墙壁时会心怀恐惧。不仅仅是因为灰尘、烟雾、烟灰和泥土，以及发黄的纸屑，不，主要是因为家里的"小宠物"，它们在这张纸后面过着无穷尽的生活。我们将长凳从墙边移开，但到了晚上，我们听到纸里吱吱作响、发出沙沙声时，就知道提示它们要出来的铃声响了。

门上没有把手，也没有锁，只有安装在铰链上的木板，用来堵住墙上的洞。有些地方钉上了许多旧抹布和毛毡，以至于木板被卡住了。木板本身是用稻草、旧衣服和其他材料制成的厚挂毯来防风的。

小小的窗户在冬天是完全密封的；然而，它们在夏天也不会开。苏联老大妈用碎布和小袋稻草替代了破碎的窗玻璃。

战争期间，我们所有的感官都承受了巨大痛苦。我们听到尖叫和呻吟；我们目睹了许多遭受残酷痛苦的人，有许多让我们永远不想提起的画面。我们的鼻子也遭了罪：烟熏味、酷暑下尸体的恶臭等等。但是有一段记忆将永远留在我们的脑海里：我们生活区内沉重而阴森的氛围。

想象一下下列场景：不同年龄的当地人，周围是许多孩子，他们都已经好几年没洗澡了，只是嘴里喝了一口水，将水吐在手上，再喝一口，然后用水打湿自己的脸。（有多少次，我们不得不去打架，才能得到足够的水来将自己洗干净？他们只会将一杯水放在你面前，不是出于恶意，而是因为他们不知道用更多水洗漱的好处。）

事情就是这样：当地人带着他们的许多小孩，炉子下的猪，几代人都没有从炉子上取下的羊皮，粘上的窗户，堵住的门户。以上这些再加上15名携带武器的士兵，都聚在一起围着一盏闪烁的石油灯吃晚饭。饭后，他们大口大口抽着烟，莫合烟（农民吸的俄罗斯烟草）的臭味与更难闻的德国茶叶烟的味道交织着，抗衡着。如果说这样的气味还不够味儿，那么烟臭味和身体散发出的暖烘烘的恶臭混合起来，就更令人难以忍受了！就在这么个房间里，25个人挤在最狭小的生活空间里睡觉。

这种氛围的独特之处在于灯。在师部的办公室里，我们有发电机为电灯发电，因为军官们需要在晚上工作几个小时，而普通士兵则主要利用黑暗进行战斗或睡觉。如果谁想要在黑暗中点亮一束微光来做点自己的事情，就像我现在想做的那样，那么有时他会有一盏碳灯，甚至是一支蜡烛。他必须依赖他所在的特定国家的光源；就此处来说，那是一盏光彩夺目的石油灯。

毫无疑问，最简单的照明装置就是用铁丝悬挂在天花板上的小伏特加酒瓶。悬在瓶里的油中的是一根麻线、一片抹布或毛毡；在特别幸运的情况下，甚至会有灯芯。这些东西挤过瓶口，在顶部燃烧，随着一团烟亮起微弱的、闪烁的小火焰。当我写下这几行文字的时候，我面前就是这样一支"冒烟的蜡烛"。

比这更高级的是没有玻璃保护罩的油灯。时间的消磨和士兵们的不断移动早就破坏了玻璃罩子。尽管如此，它仍能为周围的空间提供足够的光亮，从而让人们给家乡写回一封又一封含着爱意的书信。即便没有玻璃保护罩，克里萨斯①也能从油灯中释放出一缕光芒。

我们现在睡在哪里？我首先应当提及的是，在这些没有战斗的日子里，最主要的事情就是睡觉。上帝知道我们有多少觉要补。因此，那些不写东西、不吃东西或不用在身上搜寻虱子（当我们在衬衫缝里寻找虱子时，所有"杀戮"都在被愉快地报道）的人，都在睡觉。我们睡得到处都是。有人还在要毯子吗？一张木长凳、地板、一张大桌子都能睡——稻草是终极幸福！我们睡得很沉，没有做梦，但同时也很轻，警惕任何危险，这就阻止了噩梦袭扰。我们渴望拥有正常的、安静呼吸的深度睡眠，没有任何瘙痒的虱子作祟，就像渴望白色床单和睡衣的床一样。但我们必须重新学习正常睡眠，就像我们必须重新学习晚上睡前脱衣服一样。

的确，这是一幅美妙的画面。然而，最美丽、最珍贵的梦境是家，我们的家。那些看着孩子们照片的人，因为不断触摸照片，已将这些照片磨损了；我们都带着微笑，静静凝视着照片上妇女和姑娘们明亮的眼睛。她们知道：在这里，我们能拥有力量忍受苦难和令人疲惫的任务，是因为家里的爱在拥抱着我们。梦见一块白

---

① 原注：Croesus，即公元前560年—前546年的吕底亚富有国王克里萨斯。

色桌布、一个温柔的吻，这就是我们力量的源泉。美好生活的梦，一路转战法国的梦，这个梦在东方的此地带来了一幅阳光和葡萄酒的画面，是最后的冒险家的梦想。然而，这种冒险不再对我们有任何吸引力。相反，家里的平静是我们所有人心中的秘密阳光。大家渴望已久、备受祝福的军队邮政服务就是它的信使。

我们在克拉维诺又被困了14天，然后泥泞的季节终于结束了。11月10日，一场严寒突然来临，温度几乎一夜之间就降到了零下12摄氏度。

11月15日：终于到时候了；地面冻结实了。我们可以开始了。

11月16日：苏梅在一场苦战后落城，损失巨大。军官拉德（Lader）和他的战斗小组一起外出执行侦察任务，但没有返回，所有人都死了。

11月18日：我们来到列别金（Lebedyn）。过去3天，第299步兵师遭到很大干扰，只有50%的武器和车辆可以投入使用。因此我们师接到命令，在得到进一步通知之前，撤出列别金，尽快修复火炮和车辆。

按照苏联人的标准，列别金是个美丽的乡镇，在住过克拉维诺的虱子肆虐的木板小屋后，这里对于我们来说是简直时天堂。苏联人在这里建造了大型行政大楼，城郊是机场和营房。简直是波将金（Potemkin）的村庄！① 从远处望去，粉刷一新的建筑气势恢宏，但是当你站在它们面前，或者当你进入时，你会大失所望。天花板和墙壁上有一米长的裂痕；门的铰链弯弯扭扭，既打不开也关不上；楼梯弯曲变形、窗框膨大、地板凹凸不平——这些只是问题中的冰山一角，所有这些问题都让我们感到非常惊讶。

这些建筑物的楼龄都不超过五六年。有一件事再度让我印象深刻：在这座工人天堂里，我们从未在灰泥天花板下遇到过电线！布线总是用绞合的延长线沿着墙壁和天花板布设来完成的，他们甚至都不熟悉绝缘铅管，而这在我国是强制使用的。

---

① 原注：参考了源于叶卡捷琳娜二世女皇的大臣格里戈里·波将金时代的一个都市传说。传说中村庄的正面是沿着第聂伯河河岸建造的，意在让女皇在征服之旅期间留下深刻印象。

情况总是这样，即使在城市里，我们也会发现令人震惊的原始风格和贫困。

但这座工人天堂的工资怎样呢？生活必需品的价格有多高？这里有几个例子——必须先提到的是，在战争爆发之前，卢布的汇率为1∶0.82帝国马克（RM）。

平均（月）工资：

技术专家 [①]	300卢布
红军士兵	7卢布
军官	210卢布

房租金额根据收入来定，平均80卢布。

一套上等西装	1500至2000卢布
一双鞋	200至300卢布
一件普通织物制成的冬季外套	2000至3000卢布
一只鹅	120卢布
鸡蛋和黄油	25卢布

在最初的几天时间里，一支由可以信赖的乌克兰人构成的民兵立刻组建了起来，他们在未来几周的关键时刻证明了自己是忠诚和勇敢的战友。

据报出现了一支由2000人组成的游击队。我们部署了部队，与这些装备精良的游击队进行了最初的交火。他们拥有机枪、迫击炮、反坦克炮，甚至步兵武器。当这些人开始严重威胁列别金时，我们从阿赫特尔卡（Okhtyrka）得到了援兵。有一次，我们甚至不得不丢下战友的尸体和伤员逃离。在列别金，小镇本身的不安全因素也在增加。一名士官被抢劫，罪犯当天就被绞死。第二天晚上，我遭到两名暴徒袭击。当时外面一片漆黑，他们都逃到附近迷宫般的住房区了。其中一人

---

① 原注：这里没有对会计师、律师或医生与熟练工做区分。

肯定受了重伤，因为第二天早上我们扫荡该地区时，注意到到处都是血迹。然而，我们没能逮捕犯罪者。

当天下午，10名人质被枪杀。我们现在正采取铁腕行动，城镇广场上的绞架一直很忙碌。处决是日常事务。不得不这么做。

我们收到了前线发来的坏消息：11月21日，我师有机会恢复元气的部分部队匆匆离开，去与彼得斯多夫（Petersdorf）战斗群会合，后者负责前线极其危险的奥博扬（Obojan）地区。

与此同时，天气变得异常寒冷，气温很少超过零下25摄氏度到零下30摄氏度。我们大多数人仍然缺少冬衣，出现了第一批冻伤病例。

12月12日： 第299步兵师的大部分人员都离开了列别金。我们乘坐"卧铺车厢"，即主要通过铁路于19日抵达奥博扬。

12月22日： 第299步兵师被分编为一个个保安集群，现在隶属不同的单位指挥。这里的前线兵力很单薄，而且根本不是毫无间隙。在勒扎沃（Rzhavo）附近，集团军分界线上，就有一段40千米长的前线无人驻守。我们在前线遇到的情况不容乐观。这应当是我们的冬季阵地。难道我们不是应当在这里阻止红军攻击吗？

你只想哭；在冰冻的坚实地面上炸开几个洞，还有一点带刺铁丝网，仅此而已！被我们换防下去的友军士兵都瘦骨嶙峋、面色苍白，他们的眼睛里有一种奇怪的微光。他们默然与我们握手，然后缓缓向后方走去。一小时后，一枚炮弹直接命中，炸死了2名战友，数人负伤。

今晚是布尔什维克的首次大举进攻。在坦克支援下，多个快速滑雪营像龙卷风一样向我们袭来。冰冷的东风将雪吹到我们脸上，我们的眼睛肿得睁不开，武器也无法使用。我们面前的能见度不超过10步。随处都有一辆红军坦克从雪地里出现，就像幽灵一般，通常只有几米远。手榴弹低沉的呼啸声、疯狂的尖叫声、可怕的肉搏战就在我们周围。2门反坦克炮被打烂了。

根本无法坚持下去了——各自为战！

在前线后方2千米的集体农庄，我们的战斗群重新集结在一起。我们等了又等，因为我们单位的一半人员仍然下落不明——其他任何人都没出现……大戏已经开始了……

12月23日：我们在夜间得到了援兵，但这些人都筋疲力尽，濒临崩溃。他们完成了难以想象的任务：冰风暴期间，在齐膝深的雪地里行进了30千米，甚至还带来了2门反坦克炮。在这种情况下，反击毫无意义，然而等到明天就太晚了。

我们不明白为何红军的进攻没有坚持到底。

在强大的坦克攻击下，新坑洞被炸开了，木板小屋和土豆箱都被改造成了掩体。

12月24日：白天双方的侦察活动都有所增加。天气变得更加寒冷，有人说，到了零下30摄氏度。由于我们缺乏弹药，我和两个人一起乘坐一辆小型马拉雪橇，开始向营部进发。这匹拉雪橇的俄罗斯小马迈着小步小跑，它的嘴前是一团水汽，缠结的鬃毛上结满了冰。

天气太冷了，连我们的呼吸都要凝固了。我们所有人都竖起了外套上的衣领；我们的帽子和胡子上都挂着冰碴，虽然我们都将脑袋埋在肩膀里了。我们的腿包裹着羊皮。风暴毫不留情地将沙子般的雪吹到小路上，小路已经冰冻得像玻璃一样了。

我们的马在蹒跚而行。寒冷无情地统治着这片广袤的大地，我们想要将其拒之门外，却是徒劳。没有人说话，因为仿佛每个字一旦说出口，就会冻结。那些可怜的小屋像玻璃一样冻得结结实实，就矗立在雪地里。寒冷就像开放的伤口一样令人疼痛，当我们紧赶着想要缩短距离时，雪就会在我们艰难的脚步下发出响亮的嘎吱声。

最终，在雪地里艰难跋涉两个小时后，一座小山出现了。在山的一旁，可以看到裸露的高大桦树，但是当你靠近时，就会发现地上有洞穴，而洞穴前面是吱吱作响的用来当门的盖子。这就是营部的入口，每天都遭到炮击。

内部空间主要被一个黏土和泥土制成的炉子占了，烟囱只不过是一个叠一个立起来的锡罐。微弱的光线提供了刚好足够的照明以研究地图和编写命令。4名军官盘腿坐在里面；所有非必需品都堆放在外面。炉子上方的木板上放着面包和肉；

食物都冻住了，必须先解冻。就像所有其他食品一样，在从野战厨房搬到这座掩体的短距离内就结冰了，必须再度解冻。

突然间，一场猛烈的炮火袭击了这座山丘。我们在士兵的防空洞里寻求掩护，这些坑洞当然和我们的一样，只不过是地上的一个洞，1.7 米宽、50 厘米高，没有任何照明或保暖措施，只能容纳两个人。这些日子里，不少坑洞失去了主人，所以我们很容易找到避难所。

30 分钟后，这波火力风暴过去了。我们拖着僵硬的骨头爬到了阳光下，却看到我们的出色小马"昆尼"和我们最宝贵的雪橇都被轰得粉碎了，就躺在一池红色的肉汤里了。我气得想大声咒骂，那些字眼却卡在了喉咙里。我们应该如何将宝贵的弹药送到前线，交到我们的前线兄弟那里呢？

片刻后，一个 10 人小组背着沉重的麻袋和弹药离开了反坦克营。在一片沉默中，每个人双手冻得通红，面无表情地踏进前面人的脚印里。

哦，我们的想法是何其不同。今天是平安夜，每个在家里的人都会在这个时候点亮圣诞树；小埃丽卡的眼里满是笑意，萝泽尔就站在她旁边平静地微笑。萝泽尔的心情会很沉重；她的思绪会飘到很远的地方，牵挂着此地的我。一个炽热的愿望将与所有人同在：上帝，让他安全回到我们身边！不要东想西想，不要变软弱，擦掉你眼睛下面的冰！

我们的战友们正在急切地等候手榴弹，因为今天，不信奉世上任何神圣事物的红军将开始他们的强攻！有人在呻吟，他的脚冻僵了，几乎不能走路了。他的负载在我们中间分配，然后我们继续前进。得赶快，赶快！

当我们筋疲力尽地到达我们所在的战斗群时，天已经黑了。我们接到正式命令，让我们在其中一个坑洞里休息休息，睡一会儿。真是荒唐！上面炮声雷鸣呼啸，嚎叫声此起彼伏，况且现在需要每一个人，谁能睡得着？于是我们都离开了这些壕沟坑洞！

我们的炮弹撕裂了成排强攻的红军，在这些队列中撕开了几个大洞。这些人就像害怕瘟疫一样害怕炮弹，因为他们身后没有坦克支持，于是不久后就撤退了。

哦，圣夜啊！

他们今晚两次复返，我们两次将他们赶回去，让他们头破血流。

哦,圣夜啊!

蜡烛在医护兵的土掩体里燃烧了一整夜;从那里传出了呻吟声和尖叫声。临近早晨,那里安静下来;我们营再也不用承受痛苦了。

12月25日: 我们手里提着机枪,挤在外面的射击孔上。我们谨慎小心地操作自己的武器,不能重蹈12月22日的覆辙。不能让一滴油能碰到钢,因为油都会立即结冰。

我们眺望敌人的藏身之处,他们酷爱与冬天结盟,一次又一次企图突破我们的阵地。我们已经从他们身上学到许多东西:我们学会了将衬衫套在外套外面,因为我们没有白色油漆,每天早上我们都会赶紧在铁门上撒尿,然后在上面撒上雪,这样就形成了伪装。

苏联战斗机低空飞行,呼啸而来,整个混乱局面现在再次开始了。我们抓起弹匣。敌军的炮火正在加快射击;我们很幸运能有这么深的雪,因为在岩石般坚硬的冻土上,爆炸的威力将会大得多。我们听见坦克的喀喇喇声响越来越近,我们知道好几个小时都无法休息。

在另一边,敌人穿着雪靴的部队身披白色外套,从森林里悄然出现。我们的机枪在呼啸,我们的手榴弹已经准备就绪;掩体里的战友已经接到警报,正站在树后射击,因为冰冷坚硬的地面无法提供掩护。正如过去几天经常发生的情况一样,苦战开始了,人与人对抗,他们的武器成为一种危险的负担,因为如果他们光着手指触碰金属,手就会冻僵。

机枪子弹让树的白色树皮都爆开了。空中嗡嗡作响,我们可以提前听到沉重的声音,当它们经过身边的时候,每个人都松了一口气。突然间,火焰从森林里跳了出来,一辆敌军坦克被摧毁了。战斗逐渐平息,枪炮声都安静下来。我们看着火焰,思索着那里,那里温暖,很温暖……战斗已经转移到邻近地区。我们被火焰迷住了,被迫违背自己的意愿去幻想一个大火炉、一把深深的靠背椅或一张柔软的床,可以让我们睡上一整晚,而不用穿这些因为沾满了泥土而变得僵硬的衣服,也不用被害虫折磨,不用把武器放在触手可及的地方。

12月26日：前线兵力不足。晚上，我们接到命令，要与敌人保持距离。在南面，苏军成功深入了前线，我们的右翼受到严重威胁。一夜之间，红军就占领了德米特里耶夫斯科耶（Dmitriyevskoye）。

我们所在的战斗群应该撤退到特罗伊茨科耶（Troitskoye）。一个班——我们班——被留在后方掩护。敌军在我们身后追击。一整天，机枪的哒哒声都没有停止；一整天，这个班都挤在坑洞里，抵御敌人的进攻。

只有到第二天晚上，我们班才得以与营里会合，在指南针帮助下找到了穿过雪原荒地的路，在特罗伊茨科耶占据了一处新阵地，突击工兵已经炸开了冰冷的地面。

12月27日：天空阴云密布；暴雨被肆无忌惮的狂风裹挟着，像冰冷的针刺向我们的脸。在黑色的树上，乌鸦在嘎嘎地叫。不过，这一次我们的处境有所好转，我们轮流在破旧的小屋里取暖。我们坐在那里，凝视着明火。我们每个人都沉浸在自己的思绪中。我内心非常不安；我觉得某种针对我们的巨大暴行正在酝酿。无论我的预测是好是坏，我的战友们突然都盲信我的预测，我决不能表现自己的感情。噼啪作响的木头让我们的思绪沿着愉快的道路漫步。我们在想家。

"鬼知道这将是什么样的冬天……"有人说，不必将话说完，我们都明白他的意思：如果严冬开始肆虐，在比亚韦斯托克（Bialystok）和明斯克附近，在戈梅利（Gomel）和基辅附近，在布良斯克或维亚济马附近，这个严冬给人的打击如此沉重——德国的冬天将会是什么样。这些天，我们经常想起这一点。

12月28日：经过炮兵的密集火力准备，苏军在凌晨发动了进攻，这是一次相当猛烈的进攻。这场战斗毫无希望！越来越多的大队苏军向我们涌来；在坦克的支援下，他们在很短的时间内就成功地在特罗伊茨科耶两侧的防线打入了深深的楔子。到中午，我们已经被包围了。正在赶来援助我们的友军（I/JR214）① 部队被红

---

① 译者注：根据考证，这个番号肯定是错误的，很可能是原文标注错误或德语转译英语的时候笔误。德军并没有第214步兵团的番号，在这个战区内，这支部队极有可能是第217步兵团1营，缩写为I/IR217。

军彻底歼灭，只剩下14人，他们最终与我们会合。（后来，我们发现了成堆的残缺不全的尸体。）可怜的小伙子们！他们刚从西面，从比亚维茨（Biawitz）来到这里，能对这些高加索"怪兽"和他们的战斗方法有多少了解？！

形势变得越来越危急。我们致电奥博扬："彼得斯多夫战斗群被困，请求支援！"19时10分，我们收到回复："突破包围，冲向奥博扬！"

一个22厘米的靶心都不可能比这条电文更具破坏性——看在上帝的分上，真的有那么糟糕吗？奥博扬已经受到威胁了吗？相邻的营正在撤退吗？这些问题在我们中间从一个人传给了另一个人。

射击有所减少。看起来他们好像在另一边喝得酩酊大醉；一场祝捷会，风暴带来了他们的呐喊和哀嚎。他们的醉酒给我们带来了好运；他们的反坦克炮被炸毁了，车辆和粮秣被焚毁了。

午夜过后不久，在损失大量人员后，我们突围成功了。6时，彼得斯多夫战斗群余部抵达奥博扬。

这次行军过程中的细节永远都无法用语言描述——在零下35摄氏度的低温和75厘米深的积雪里从超过10倍的优势敌军手中逃脱。只有身体健康的人拼尽自己最后的一点力量才能够做到这一点，伤员无论伤势轻重，都在雪地里失去了踪影，或躺在地上冻死，或被红军击杀。我们现在知道，他们中的许多人都用最后一颗子弹让自己逃过这样悲惨的命运。

12月29日：奥博扬进入防御警戒状态。早上，出现了罕见的自然奇观：太阳升起了三次。这看来极其怪诞；这种奇怪的现象很可能是由冰冷空气中的光偏转造成的，因为雪结晶在冰冷的空气中过度饱和了。我们没有时间长久站在那里见证这种奇观；要在冻结实的地面上爆破出战壕非常困难。

苏联居民的经历就不同了。他们成群结队站在一起，张大了嘴巴凝视冬季的天空。许多人躺在坚硬的地面上，又哭又喊；苏联老大妈们跪在地上，以为这是天堂传来的信号！死亡和毁灭将席卷这座城市！我们已经知道这一点，哪怕没有天空降下的预兆；两天之内，这里将决定生死，数千苏军与强大的坦克部队正在逼近这座城市，沿途仅遇到极其微弱的抵抗。

前线上该死的40千米空隙。这样的事情必然会发生！

12月30日： 海因茨·施蒂歇尔（Heinz Stichel）已从德国返回。他对我们说起了家乡的许多美丽故事，但是也带来了乌克兰发生可怕饥荒的消息。他们在基辅停留了两天，那里的情况是最糟糕的，每天都会饿死数百人。反坦克炮已经在街道和广场上就位，以便立即镇压任何可能的暴动。一个小小的冻土豆现在价值0.45帝国马克，一条面包的价格是25帝国马克！这座城市的居民成群结队地远赴城外，通常会到30千米以外，来到冻结实的田野里，用铁锹和斧头挖掘土豆。

补给公路的两侧都是衣衫褴褛的身影，在等待着一辆拉轻便小车的小马因为筋疲力尽跪倒在地。他们就像秃鹫一样，扑向垂死的动物。动物的身体仍然温暖，还在抽搐，他们切开它，贪婪地割下大块的肉，这样做的时候必然会遭受鞭打。亲爱的祖国，满足于你仅有的几张肉类配给券吧！

中午，苏军轰炸机突然出现，在城市上空盘旋了一个小时。它们一架接一架地投弹，许多房屋爆炸起火。最后，他们投放了大量小册子。这些小册子是发给平民的。内容是："同志们！离开奥博扬，我们要将这座城市夷为平地。"

嘿，没那么快，还有我们呢，我们还在这里呢！

尽管如此，很大一部分人口带着他们的全部家当离开了这座城市，这样也好——这至少给我们腾出了一些空间。

晚上，我们收到一个坏消息，一支大型补给和医疗梯队在距离这里25千米的雅科夫列沃（Yakovlevo）附近遭到攻击，被歼灭了。这是一个沉重打击。通往别尔哥罗德-哈尔科夫的铁路是300千米正在战斗的前线的生命线，它被敌人摧毁就意味着：没有弹药、没有援兵、没有食物补给。夜间，我们接到命令，组建两支侦察部队，部署在雅科夫列沃方向。

12月31日： 经过夜间的猛烈轰炸，我们在拂晓离开了这座城市，9时前后，我们到达了袭击地点。一辆大卡车的残骸仍在冒烟，路上和沟壑里躺着我们战友的残缺尸体。一名中尉的肠子就落在血迹斑斑的雪地里，心脏不见了。

救护车的驾驶室被人涂成了红色。邮件散落在雪地里。妻子和孩子的照片，送给前线战士的最好的圣诞礼物，现在也被鲜血弄脏了。我读了一张附带两张小照片的小卡片："亲爱的爸爸，这是我，你的英格（Inge），还有亲爱的妈妈。我都长这么大了，你什么时候回家？"小英格，你的爸爸，他永远回不了家了。他妈的，我的眼泪都涌出来了。

我们离开了这个恐怖的地方；西蒙斯（Simons）中尉指挥的那支侦察部队正在道路右侧分头行动，我本人和手下的10名士兵携带2挺机枪向东出发。

在大雪中艰难行进了一小时后，我们到达了一座凄惨的小村庄——没有敌人的踪迹。我们拔出手枪审问了当地人。据说，就在夜间，红军离开了这个地方，与一支500人的部队一起在邻村埋伏。他们距离我们大约800米，更重要的是中间有一道峡谷。若想带着我的人尝试穿过峡谷，那就是疯了。我知道我必须这样做：我非常小心地将我们的2挺机枪带到峡谷的山脊上，将它们安放进阵地。我举着双筒望远镜趴在可以俯瞰山脊的山头上。接到我的信号后，2挺机枪突然射出了几发子弹。

起初，那里什么都看不见——但是后来，他们从居住的小屋里奔跑出来，手忙脚乱，军官们在咒骂尖叫，简直一片混乱。我的小伙子们打得不错，考虑到距离很远，被击中和倒下的人数令人吃惊。但随后另一边的子弹呼啸声就回敬了我们。是时候撤离了。2个小时后，我们在预先安排的地点与另一个小组会合，他们没有遇上敌人。明天我们会回来，让这帮人灰飞烟灭。我们还不了解会发生什么，但这会有什么不同结果吗？

我们冻了个半死，晚上到达奥博扬。在路上，我们遭到苏联空军空袭；不幸有2人负伤。在我们的宿营地，有许多人聚会痛饮，因为补给部门分发了多得令人生疑的酒，包括最好的法国干邑"轩尼诗"。有人说："先生们，最高统帅部正在打折促销，不对头啊！"过不了多久，我们就会知道他有多对了。

哦，倒霉！今天是除夕夜，我们都要让自己喝得烂醉一场，或许这是我们这辈子的最后一次宿醉！这样的话，"战友们，干杯"！

今晚的情况变得非常糟糕；成串的苏联轰炸机不停地飞来。到了早上，成片街道化为废墟。将这座城市夷为平地的任务已经开始了。

1942年1月1日，奥博扬： 我们得到消息，补给线遭到伏击。敌人现在正在尼科利斯科耶（Nikolskoye）的街道上前进。通过我的侦察部队，我还能断定在普谢列茨（Pseletz）附近有强大的敌军，我们曾在前线遇到过他们。克拉斯尼科沃（Krasnikovo）也受到严重威胁。

师里下了命令，开始在奥博扬城下设防。我们仅有的几支部队兵力单薄，只有极少数是经验丰富的一线部队，剩下的人都属于随军面包房、屠宰单位和补给单位，以及他们的参谋人员——所有兵力不足1000人。

15时前后，苏军的轰炸机出现了，他们在直到次日早上5时的连续空袭中投下了无数炸弹。由于大多数房舍都拥有建筑甚好的地下室，我们只出现了少量人员损失。

1月2日： 在德米特里耶夫斯科耶附近，巴格曼（Bargmann）战斗群正在拼命抵御优势敌军。在这里，就像其他地方一样，每个人都在竭尽全力保卫奥博扬。如果这座城市沦陷，前方将会出现一个数百千米长的缺口，哈尔科夫和库尔斯克之间的联系将会断绝，从而丢失进入那条条件良好的铁路的通道。非常不幸的是，巴格曼营的炮弹行将耗尽。

14辆卡车装载了弹药。车队的护卫由内卡姆（Neckam）和我带领两个战斗小组负责。

我们在克里夫佐沃（Krivtsovo）附近遭到强大的坦克部队攻击。那些52吨重的坦克将我们的卡车像玩具车那样压扁了，车内装载的弹药爆炸了；装甲车辆的履带将伤员弄得惨不忍睹。

我们用重型反坦克枪向10米外的一辆中型坦克射击，将其点燃了。然后它们向我们碾压过来，我们吓得狂奔了20米。子弹在我们身后呼啸而过。该死！我一头扎进深雪里，脑袋撞到树桩上，流着血。我的上帝！肺在嘎嘎作响，眼睛被血糊住了，我已经筋疲力尽！尽管如此，我再度起身，奔跑，只能奔跑。要是我能跑到那边的森林就好了！其他人到底在哪里？子弹再度刮伤了我的耳朵，右边有十几名红军士兵向我冲来。这就是结局！突然间，我有了一个想法。这是拯救这条小命、这根意识稻草的最后一搏：我又跑了几步，子弹再度向我袭来，然后我高举双臂，以自己为轴转了一圈，接着摔倒在地！

敌人来了，脚踩着我的胸口和肚子，他们看到我脸上和军服上都是血，我能分辨出俄语单词"血"（krowj）、"死"（mjortwuj）、"普通士兵"（soldatmushij）。他们正要掏空我的口袋或者扒掉我的军服，这时坦克那边传来了响亮的喊叫和咒骂；一定是在给这些人传达命令。夜幕降临，他们可能觉得会迷路。他们放开了我，踢了我一脚以示告别，然后离开了。

我得救了，该死的，真的得救了！这些人拿走了我的机枪和野战帽。

幸运一定伴随着我这个普通士兵！我丢失的军装穗带和铁十字勋章绶带以及脸上的血迹，拯救了我。我小心翼翼地走进地上的一道浅褶皱里，这道褶皱一直延伸到森林里。在第一排树的保护下，我停了下来，神经紧张的我哭了起来。敌人的踢踹让我的胸部和腹部疼痛不已。

然而，我得继续前进！天气非常冷，我不能留在这里，否则很快就会失温。我脱下袜子裹在头上，从而让脑袋免受刀割般的冰冷空气伤害。夜晚有月光，我绕道来到克拉斯尼科沃。朝向奥博扬的方向，天空是血红色的，可以清楚听见炸弹爆炸时发出的低沉雷鸣。

其他人在哪里？有多少人能逃过屠杀？这些念头一直萦绕在我的脑海里，让我无法休息。

1月3日：行进中的战斗小组已经被切割得支离破碎。内卡姆和我在奥博扬，据说还有3个人在来这里的路上，我们是仅有的幸存者。现在我已经被"尸体"俱乐部接纳了；有8个人昨天和我处境相同，他们也获得了"尸体"的荣誉称号。现在我是第九个。我很乐意与他们一起执行侦察和前线任务。

成群的敌方轰炸机再度来临，这是即将发生的事件的开始。

与我们一起留在这里的将军及他的参谋部的日常命令是："奥博扬将坚守到最后一兵一卒；一位将军手持武器加入防线……"向元首致敬后，战士们便各就各位。

主要道路都埋设了地雷确保安全，防备坦克突入；我们组成能形成交叉火力的散兵线，并部署了前沿哨位，现在这些哨位都有人占据。每个可用的人都必须伸出援手。

首个令人震惊的消息传来：奥博扬城东南仅4千米处，强大的红军部队和坦克正在向前推进。巴格曼战斗群正在撤退，奋力且战且退，向奥博扬靠拢。在北面，2号观察哨附近，能听见很强的坦克噪音。从另一个位置传来了苏军乘坐卡车前进的消息。

城内守军高度戒备，在2平方千米的区域内等候敌军进攻。重型坦克到处试探，但仍在射程之外。时近傍晚，我们已经被完全包围。

22时前不久，在一片漆黑中，苏军对南面和东面发起了第一次进攻。在南面，两军遭遇，发生了血腥的近战，我军击退了进攻。然而，在东面，敌军成功取得了较为深入的进展。震耳欲聋的爆炸声响彻街道，红军从四面八方向城中射击，爆炸和子弹的声音被放大了千倍，曳光弹从四面八方射来。坦克榴弹轰进了房子里，燃烧的屋顶木材和椽子砸向街道。空中充满了爆炸的歌声和啁啾声，没有人知道炮弹是从什么方向射来的。在街对面，苏军就端坐在各处园地里。"尸体"们去执行另一项间谍任务。营舍设置了路障，我军的一次反击将红军击退。

然而他们一次又一次从南面和东面向我们袭来。

1月4日：在南面，红军的进攻就在我们的战线前停止了。西面的战地侦察哨报告称，敌人正在离奥博扬市越来越近。有一道从西面向西北延伸的深谷，将城市与郊区的村庄隔开。这谷地里有我们最重要的水源。这里全天都有酷烈的炮火打击，仅仅是取水就要付出大量的人员损失代价。一支勇猛的突击队最终让我们得以喘息。下午晚些时候，敌人的坦克正在向奥博扬城逼近。我们装备了"燃烧瓶"和汽油罐，坚守防御阵地；附近已经备足了手榴弹，火焰喷射器也处于预备状态。巨大的钢铁野兽正在靠近，疯狂射击，直到它们到达我们的最外围阵地，我们接到命令让它们通过。但令人愤怒的是，我们必须承认它们都不敢进入。

过了一会儿，它们就在一片高地后面消失了，从那里进攻奥博扬城，不停地用直射火力打击。

随着黄昏降临，地狱般的场景再度出现。坦克的76毫米炮弹在成排的守军身上撕开巨洞，重迫击炮射出的巨大梨形炮弹在空中飕飕作响。

轰炸机用200磅炸弹摧毁了整个街区，城市的每个角落都在燃烧，人员损失巨大。我已经连续多个日夜疲于奔命，我狂热地听从命令，侦察，操作机枪、火炮，投掷手榴弹。

每个人都在进行难以想象的战斗。今天，苏军在坦克支援下发动了25次进攻。

今晚，敌人多次在短时间内潜入奥博扬城，然后我们在多次反击中，每次都将其击退。尽管我们损失惨重，气温也低得要命（零下42摄氏度），大部分人的手脚都冻伤了，我们依然像钢铁一样坚守。没有人会觉得厌烦，我们是在为自己的性命而战。

1月5日： 我们收到命令烧毁所有文件、文件箱、私人文件和地图材料。装有行李和装备的卡车正在准备被引爆。红军施加的压力是巨大的。更糟的是，现在我们的弹药和物资都越发短缺了。

早上，一辆重型坦克被88毫米高射炮击毁，渗透的敌人被歼灭了。除了其他东西之外，敌人还焚烧了我们的储备粮食；雪地里躺着死尸，他们的胳膊下夹着军用面包。中午，空袭警报响起。伴随着低沉的咆哮声，飞机正在靠近。但那是什么？是我们的一个重型轰炸机中队！

终于！它们在盘旋，越飞越深入，三次、四次从我们头顶上近距离飞越。炸弹开始空投了……那里，在市中心，一排排炸弹正在下落；降落伞正在打开：在空投弹药！

苏军正在射击，炮火异常猛烈，枪炮声在这清冷的冬日中显得格外近。当看到在空中飘荡的降落伞落地时，我们胸口的石头落了地。领导层的帮助终于来了！有人在一枚炮弹上用粉笔写道："坚持住！我们来了！"

我们一定会坚持住！

手头又有弹药了，情况都不那么糟糕了。情绪的晴雨表上显示"天气不错"。

我们必须成功！

1月6日： 在南面，人们可以听见激烈的战斗声响。波斯特勒（Postler）战斗群本应在那里发动进攻，从而为奥博扬的驻军解围。

此时此刻我们没有任何援兵将至的感觉。相反，在城北部，敌军成功地渗透进来1个营，他们用迫击炮猛轰突破点。这次形势极其严峻，因为这次进攻得到了坦克直接支援。

傍晚时分，激战仍在全力进行。我们的宿营地又被封锁了。坦克炮弹、照明弹和高爆弹呼啸着穿过街道，一个街区的房屋中弹起火了。在诡异的火光中，我们看到红军正在小步跳跃，他们是机枪的好靶子。午夜时分，20毫米高射炮就位——将敌人扫荡干净。在最为艰苦的肉搏战之后，红军被击退了。

一个小场景应该可以说明我们正在对付什么样的强敌：我的战斗小组在前进期间扫荡了一座花园，在一个散兵坑里，我们发现了一个负伤的苏联军官。我用俄语对他吼道："举起手来！"他微笑着回答："不！"

一枚手榴弹扔进了散兵坑，将他炸成了碎片。

在靠近花园尽头的篱笆处，有个身负重伤的红军战士，弹片削去了他双手的手指，双腿好像也被炸碎了。我们离他5步远，他就躺在地上，房屋燃烧的火光将他映照得闪闪发亮。他看到我们靠近时，做出了闪电般的快速动作，用牙齿咬掉了一枚手榴弹的保险针，将头枕在上面。"卧倒！"手榴弹已经爆炸了，发出了空洞的一声"砰"响。福格尔（Vogel）反应慢了，没能趴在地上，十几块弹片刺穿了他的身体（他在1个小时内去世了）。夜间，师里传来了这些艰难日子里最美好的消息：第217步兵团的一个营来援，其先头部队已到达奥博扬以南8千米的位置。一支巡逻队立即与之取得了联系。这一次，"尸体"小组在任务中幸免于难。在清晨的几个小时里，勇敢的步兵成功突破了苏军的钳形攻势。

援军到达得正是时候，因为我们的损失已经达到1/3。

1月7日： 敌人的一支突击队进入市中心，我们在野战邮局找到了他们。在装得满满的邮包后面——我们用它们筑起了一道相当大的路障——我们疯狂向他们开火，然后用手榴弹和刺刀发起攻击，情况万分危急，因为将军和他的参谋部就在20步之外。那些先生也从参谋宿营区的所有窗户向外开火。然后是一个我永远不会忘记的画面：我们的最佳战友，白发苍苍的军官，我们的诺伊林（Neuling）将军，就那样随意站在阳台上，他毫不在意子弹的呼啸声，正用机枪朝着一排排敌人开火。

刹那间，令敌我双方都出乎意料的是，传来了响亮的嘎嘎声和嘶嘶声，从右边的地窖窗户喷射出两三次可怕的火焰，直烧到街上。火焰喷射器！

打击效果很可怕。烧得面目全非的尸体一片炭黑，就躺在街道上，剩下的红军士兵正在惊恐逃散。然而我们的机枪子弹命中了逃跑的红军，敌人的这支突击队被全歼。

片刻后，一次得到坦克支援的猛烈进攻将我们召集到城市东北部。大队红军尖叫着"乌拉"冲了上来。

迫击炮和坦克的炮弹在最短时间内把我军据守的集体农庄的院落变成了废墟，一半守军非死即伤。我们的火炮向一辆52吨的坦克射击，但是没有一枚炮弹能穿透厚重的装甲，我们都要绝望了。现在我们的第二挺机枪因被直接命中而无法再打响，操作机枪的军官诺尔德（Nold）阵亡，另外两名机枪手身负重伤。我们要求增援，但他们无法到来，因为西面和东面都在激战。

最后，在可怕的30分钟之后，1辆坦克和1门突击炮终于来了，突击炮打瘫了一辆哈尔科夫出产的坦克。我们开始发动反击，奇迹出现了：红军正在撤退。

随着暮色降临，我们开始执行日常任务，尽管敌人的战斗火力非常密集，但前线的整片地区都被我们的工兵布了雷。

今天中午的混乱局面短时间内不会重演。今天我们的损失真他妈惨重！

夜间，红军轰炸机一波又一波密集飞来进行空袭，他们还用迫击炮猛轰我们，步兵则发动了小规模攻击。总的来说，这个夜晚比前几个晚上更安静，几乎太安静了，我们怀疑有什么邪恶的事情正在酝酿。北教堂的大圆顶——异常美丽的建筑物，也是重要的观察所——被击中着火了，在如大雨般四溅的余烬中，塔楼倒塌了。明亮的火光将北部阵地照得亮如白昼，从高处可以清楚地看到每一个人、每一门炮。轰炸机就像鹰一样冲向我们的战壕，它们的炸弹给我们造成了许多损失。

然而苏军飞机也沐浴在红光中，我们的机枪和20毫米口径高射炮疯狂地瞄准了这些好目标——上帝知道，他们成功了；一架重型轰炸机被击中，大家一片欢腾，当其他苏军飞机都匆忙离开时，欢呼声甚至更大了。

1月8日：斯特列茨科耶（Streletskoye）方向一片寂静，那里没有射出一枪一弹。无休止的进攻可能也让敌人疲惫不堪；他们会尽可能在那里睡觉——因为是他们，而不是我们在决定行动速度。也许他们在集结力量准备反击？谁知道呢？但是我们必须找到答案。一支侦察部队出动了，这些人小心翼翼地向村子走去。斯特列茨科耶一片静默，周围寥寥几个岗哨无聊地站着，冻得瑟瑟发抖。没有惊动他们，我们于凌晨5时回到了奥博扬。匆忙中，我们组建了一个强大的突击队，配备了2门反坦克炮，甚至还包括几辆突击炮。

早晨5时30分，我们突入了斯特列茨科耶。对熟睡的苏军的突袭百分百成功了，他们中的大多数人甚至没有机会起床。我们毫不留情，所有人都被我们枪杀或者用棍棒打死在他们睡觉的帆布床上了，整场梦魇持续了大约半小时。斯特列茨科耶被焚毁，每座小屋里都有20到30具苏军的尸体，这些房子都变成了火葬场（今天我们知道，在这场血洗中有360多名苏军死亡）。

好吧，你们这群人，你们肯定做梦都想不到这个！

早上7时，我们已经在防线上的阵地再度就位。重迫击炮炮轰了这座城市，机枪子弹在街道上呼啸而过，和往常一样！

又是中午时分，一批弹药和补给到了。

除此之外，没什么异常。平静，令人担忧的平静。15时，突然出现了最猛烈的射击。

现在我们知道了。

红军做好了反击的准备！同一时刻，指挥部的命令到了：明天9时，将发动一次进攻。多斯特勒（Dostler）战斗群将会从南部施压，苏军如果今晚不能占领奥博扬的话，就将会在最短的时间内被困在这个剪刀阵之中。

今晚将决定我们的命运。

20时，苏军对奥博扬城的大规模强攻开始了。

敌军在多个不同的位置成功突破；经过血腥的近战，他们被击退，然后在不同的地方再度突破，渗透到野战医院，对伤员进行了可怕的血腥杀戮。我们满腔怒火，已经无法再控制自己了，疯狂地开枪、刺杀和搏斗，再度击退了敌人。在医院侧厢的一间病房里，发生了一场可怕的激斗。红军的手榴弹用完了，高加索人便用长棍殴打我们，我们用步枪将他们逼向窗户，然后将他们从窗户扔到了院子里。我看上去一团糟，双手在流血，军服破破烂烂，上面满是脑浆和污垢。一枚坦克炮弹呼啸着穿过了外墙，手掌般大小的一块弹片将我同伴的脑袋削掉了，而我安然无恙。该死的，我被豁免了吗？

直到凌晨，所有的街区里都在激战。随着黎明到来，苏军的进攻终于被击败了。

1月9日：从南方逼近的多斯特勒战斗群，明显对敌军纵深暴露的侧翼施加了压力。

10时前后，敌人再度尝试从北方突破，可是我们在2门突击炮的帮助下，从一开始就挡住了敌军，击溃了进攻部队。

酷烈的炮火之外，这一天相对平静地过去了。我们反坦克兵和步兵，集结起来发起反击的时刻已经到来。21时前后，我们的情报部门报告，敌人正在向西北方向撤退，同时留下了一支后卫部队。他们所遭受的外部压力让他们必须退走。

1月10日：我们与多斯特勒战斗群的联系建立起来了。撤退的敌军几乎被全歼，残部被迫向东退却。

1月11日：为守卫奥博扬而英勇奋战的小型战斗群在市中心点名，那里没有一栋建筑物尚能屹立不倒。前一天，诺伊林将军被授予骑士铁十字勋章，他感谢了部下。他念了元首发来的致谢电报，这让我们非常自豪。在这场战争期间，元首之前仅仅发过一次类似的私人电报，发给纳尔维克（Narvik）的迪特尔（Dietl）将军。

▲ 被德军占领前的哈尔科夫市中心。
（照片由www.wwii-photos-maps.com提供）

我们简直无法相信：奥博扬再度安全了，与库尔斯克和哈尔科夫这些后方地区的联系也畅通了。终于有东西吃了，我们终于能睡懒觉了。难以想象的艰难日子过去了，在零下45摄氏度的温度下激战啊。然而尽管如此，我们仍然坚守着奥博扬，以此向阵亡的战友致敬。他们不会白死！

这场战斗造成的严重伤亡可从下列数

字体现：

阵亡：195 人。

战斗失踪：18 人。

负伤：327 人，其中 65 人正在经受最严重的冻伤。

540 名勇者献出了热血，1130 名守军中的 540 人。我相信数字胜于雄辩。

苏军的计划和他们压倒性的人力优势可以从下列命令中得以证实，这是我们从一名被俘的中尉那里截获的；内容涉及 1 月 8 日和 9 日的大举进攻：

　　无论如何，1 月 8 日夜间至 1 月 9 日凌晨都必须拿下奥博扬。可以投入战斗的兵力有：16 个营（假定每个营 500 人，那就有 8000 名苏军）和重型武器。从 17 时到 20 时 30 分，为了强攻奥博扬，会使用所有可用的火炮和坦克。20 时 30 分，波托夫卡（Potowka）营将突破德军在北边的前哨和外围的城防工事，再以矛头阵形向城市南部进军。在成功地与驻扎在南部的我军部队会合后，这座城市将按计划被收复。

　　为防止敌军逃离奥博扬，萨蒙内夫（Samonew）营、季曼斯科（Timansko）营和拉齐维尔科夫（Lachiwirkow）营将在东北和东面组成封锁线；另一个团将负责南面（鄂木斯克）。

　　第 2 和第 3 "马克西姆·高尔基"（Maxim Gorki）营将从北面向东北方向挺进，从而重新与驻扎在南面的部队取得联系。重申，请参阅 1941 年 12 月 17 日的特别命令。这一特别命令由斯大林签发，我们从圣诞节起就已知道，其中特别指出："今后，我只想看到死去的德国人！"

哦，好吧，那些可怕的日子已经过去了，苏军不得不撇开他们的东道主责任去考虑问题。我们现在也很少抓俘虏了。

1 月 12 日：睡觉，睡觉，就是要睡觉。

1 月 13 日：在哈克勒（Hackle）上校的领导下，一支强大而敏捷的突击队成立了。在奥博扬以东各处，仍在进行激烈的战斗。

1月1日，就在最后一刻，红军成功地以2个团为先锋穿过了勒扎沃附近的缺口，他们为固守的苏军提供了援兵。如果他们能够更加快速地推进，我们的处境会非常糟糕。这2个团与回撤的苏军会合，迫使我军继续在上杜纳耶茨（Verkhniy Dunayets）附近战斗。

1月14日： 在一次强行军期间，我们这支突击分队被派往那里。过去几周的战斗和严寒让我们疲惫不堪，我的部下都瘦得皮包骨头了，"尸体"现在真的带着一种死亡的苍白色。从凌晨开始，我们就在该死的雪地里艰难穿行。几个小时以来，风暴一直在陆地上肆虐，它侵蚀着我们的外套和任何防护服，让血液凝结、骨骼石化，以至于冰冷的低温让我们的神经都觉得刺痛。到目前为止，只有矗立在路边雪堆里的长杆为我们指路。黑暗向我们袭来，漫漫长夜笼罩着这片土地，凛冽的寒风从冻原上呼啸而过，冲向冷峻、雪白的远方，在无情闪烁的星空下冰冷如刀。在零下40摄氏度的低温，我们的武器操作起来很麻烦。在这些冬季的日子里，有谁不曾多次被迫将自己的力量发挥到极致？

在一座破旧的小屋里休息了一会儿（尽管我们已经筋疲力尽，但是任何人都不许睡觉），我们继续前进。破晓时分，我们来到上杜纳耶茨。

1月15日： 敌人就在我们面前的扎伊金（Zaikin）和托尔斯托普洛塔沃（Tolstoplotavo）。我们现在加入了步兵战友的行列，他们将那里的红军的情况告诉了我们。这些都是从苏联远东地区调来的新部队，苏联领导层认为，这些预备队将在这个冬季改变他们在这场战争中的运势。

昨天，我们的步兵占领了上杜纳耶茨，废墟之中仍有余烬。他们这些高加索人、吉尔吉斯斯坦人和蒙古人，当抵抗无望时，他们会坚韧地留在雪地的散兵坑里。或许他们希望不被发现，但是他们的希望是无用的，因为我们的眼睛现在对雪地已经都习惯了。

黑夜之中，一个营的苏军向我们的阵地摸来，他们的行动神出鬼没。我们的前哨发现了他们，在100米以内，他们就被我们警惕的连队的交叉火力打得支离破碎。当他们要选择逃离还是前进时，死亡与他们相遇，在凹地底部变成了一堆恐怖尸骨。

我们向扎伊金和托尔斯托普洛塔沃前进。在村庄里，我们进攻后的景象也没有什么不同——尸体，除了尸体什么都没有。渗透中的苏军部队承受了不可估量的流血牺牲，红军的巨大损失很容易给人一种错误印象，觉得我们在东线的战斗没有什么困难。正相反，敌人的真实情况是这样的：坚韧、顽强。

在勇敢的步兵战友领导的这些防御战斗中，我们所遭受的匮乏和劳苦是无法用语言来描述的。

1月16日： 地面积雪很深，我们每走一步都要拼尽全力。寒冷让我们的四肢僵硬，如果徒手触摸金属，手指就会粘在上面。

在我们面前，科切古罗夫卡（Kochegurovka）正在燃烧；今天仍然必须占领这个地方。红军的防御很顽强，对我们中的一些人来说，这是我们实现人生价值的时刻。就在这座燃烧的村庄里，没有一栋房子是屹立不倒的，我们这个连要在这里过夜。哪儿？一根还冒着烟的横梁旁边？一个雪洞里？一片仍然矗立在那里的断壁残垣的角落里？我们唯一知道的就是，尽管寒冷、物资匮乏，我们的确要在这里过夜。补给卡车会跟着我们吗？还是说我们必须饿着肚子在没有宿营的地方扎营？度过一个天寒地冻的夜晚后，我们会醒来，四肢被冻伤，喝不到一杯热茶，吃不上一顿热饭，直到——如果进攻不再继续——补给到达我们手中？也许我们只会咀嚼钢铁般的口粮——坚硬的烤干面包片，设法将锡罐里的冻肉解冻。

1月17日： 我们奉命前往叶卡捷琳诺夫卡（Yekaterinovka），以确保勒扎沃炮台的安全。掩护多斯特勒战斗群的 2 个团正从南面接近，进入 40 千米的战线缺口，不过苏军也能够派来强大的部队。激战正在进行，其结果对哈尔科夫和库尔斯克至关重要。我方的坦克在后面滚滚向前，"斯图卡"俯冲轰炸机成功投入了战斗。在一场艰苦的拉锯战中，我们的 2 个团成功将敌军缓缓推向东面。

我们正在穿过遍地狼烟的地区。被占领的村庄里留下的尸场惨不忍睹，远处的雪野上布满了黑点，他们都没有坟墓。谁会在这片冰冻层达 2 米深的土地上挖掘墓穴？谁会去收集无数苏联人的尸体？只有我们在为自己的战友掘墓。一块炸药将坚硬的土地炸起，雪地里的十字架是士兵们用冻硬的拳头敲打出来的，十字架见证了这里有人在这场永无止境的东方战役中献出了自己的生命。

因此，就在苏军预备队流血而死的同时，胜利的战斗仍在继续。我们知道其他地方的抵抗并不像这个地区那样强，苏军就想要在这一地区以他们的全部力量强行突破。我们就站在东线的焦点。然而至少我们知道，在这个特定时刻，苏军不会取得决定性胜利。

1月18日：在路上，气温零下40摄氏度，积雪1.5米深，遭遇了一场冰风暴。

1月19日：临近傍晚，我们到达叶卡捷琳诺夫卡。由于我们连骨头都冻僵了，因此便尽快搭建了营地。在村里宿营——现在听起来很舒服。一盏暖和的灯和噼啪作响的火堆、一张结实的硬床、一杯令人平静的酒、培根和鸡蛋——法国，你太遥远了！现实是：你推开门，立即就要弯腰，不然的话，你的头就会撞上木梁。如果你够走运选择好了住处，那么就会闻见一股灼热的恶臭味，让你的胸肺窒息，一头懒洋洋的奶牛躺在温暖的、浸湿的稻草上，抬起了头。只有那时，你才能从另一扇门进入真正的起居室，那里现在有股咸味围绕着你。但是你的鼻子早就对所有这些气味都迟钝了，即使在几个月前你还觉得这样的气味连半个小时都无法忍受，现在你很现实地看到炉子里有火，屋内有足够的空间容纳你和你的战友。

在闪烁的烛火中，有一幅熟悉的画面：一个农民四肢伸开，就躺在炉边，在鸡和一头小猪旁冬眠。现在，在这些破布和炉台上的垃圾之间，有几个孩子的头在动，用大眼睛盯着你看；甚至连这些孩子在你看来也像奇怪的动物，脏兮兮、爬来爬去、踉踉跄跄，怎么看都不像人类。

上帝，如果在这所房子里生活的只有这些生物就好了！蜡烛熄灭了，现在家里的"宠物"开始从各个角落出现。虫子、跳蚤和虱子，时间变得令人痛苦不堪；哪怕连打个盹儿的念头都没有，因为现在虫子都粘在你的衣服上。日复一日，你要去抓虱子，每天抓到的战利品有40只、50只甚至更多。匆忙闪过的老鼠是多么令人恶心，冬天迫使它们从田野跑进房子里，现在它们正在赛跑，你一躺下，它们就在你的身上和脸上跑来跑去，发出细细的吱吱声。在这个特殊的夜晚，老鼠在我睡觉时穿的外套口袋上咬出了拳头大小的洞，口袋里有少量烤干面包片的碎片——那是我的坚硬如铁的口粮。

次日早上，你起了床，只能再度面对这个现实，这个住所肮脏不堪，所有的工具都沾满了黏糊糊的粪便，餐桌非常油腻，长凳也黏糊糊的；然而，你仍然感激能遇到这样好的住所。

在前线的几座村庄，也就是我们最后一批保安部队驻扎的地方，情况完全不同。在那里，每座小屋都破败不堪。那里没有稻草，到了晚上，你只能把外套放在冰冷的地面上，或者让自己躺在一张坚硬的木桌上。是的，虫子在木板的缝隙里避寒，然而，老鼠却在光天化日之下肆无忌惮地在起居室里捕食，你能用棍棒打死10只甚至20只老鼠。这无关紧要，也没多大区别。你还可以看到虱子在白天大摇大摆地散步，它们爬到你身上，你却无法自卫。在前线，你还必须随时做好准备迎接一场冰雹般的炮火，或是在寒冷的夜晚迎击红军的突袭，或是从急需的睡眠中被唤醒，因为那里的几栋房子可能会突然出现敌人的侦察巡逻队。

1月20日：下午，我们的部队撤离了。明天早上，我们将返回奥博扬，那里有新任务等待我们。

我们用这几个小时的平静，终于写了一封家信。谁知道这几行字什么时候能到达家中的亲人手里呢？数米高的积雪令车辆无法在公路上行驶。

午夜巡哨的时候，看到数十亿颗星星就悬挂在冰冷的冬季天空中。偶尔，一颗流星会划出闪闪发光的轨迹。步兵，如果童年旧梦的火花还在你心中绽放，那就许个愿吧。刹那间，我想起了休假，但那个愚蠢的梦想不过是一段记忆。当流星宣布幸福即将来临时，那些日子就已经结束了。这场战争让所有的幸福希望都破灭了。

远处，明亮的火焰照亮了天空。火光频频回射，几秒钟后，低沉的炮声在我们头顶隆隆作响。就在那里，我们的战友正在与敌人对抗；此时此刻，他们可能会躲进一个雪洞，以躲避敌人炮弹的呼啸声，或者他们的身体会像阴影一样从地上冒出来，冲上去进攻。

1月21日: 启程前往奥博扬。猛烈的暴风雪!

1月22日: 我们应当会休息两天,因为24日我们将在伏罗希洛瓦(Voroshilova)与黑格纳(Hegner)中尉一起占据阵地。

这些天没多少事情需要记录。武器和装备都检查过了,我们也好好补了觉。邮件在23日送达时,大家欣喜若狂。晚上,几乎没有人睡觉,因为100磅炸弹一直轰隆隆落在这座城市里,直到凌晨。

1月24日: 在我们前往伏罗希洛瓦的路上,遇到了苏军战斗机和轰炸机的空袭。晚上,我们就在一个贫穷荒凉的村庄里宿营。我们都要累死了,裹在毯子里浑身发抖。

睡觉,睡觉!一封电报将我们从不安的睡眠中唤醒。该死的!难道我们就不能休息一下吗?

强大的敌军在威胁伏罗希洛瓦周围地区,我们今晚必须行进。再一次,就在户外的严寒之中——一场战斗又一场战斗——我们还有其他事情可做吗?

感谢上帝,路况很好,只有一些小雪堆,突击工兵能够让弹药车队和补给车队在公路上正常行驶。这些勇敢的人在这里再次让不可能的事情成为现实,我们永远不会忘记这些默默无闻的忠实助手和真正意义上的探路者。

尽管月光皎洁,但我们无法辨别周围的一切。路边有许多黑点——是突击工兵白天从远处拖来存放在那里的沙袋,还是死马?人们真的不再看那里了,因为每个人都忙着自己的事情,而且我们都见过足够多的马尸了——还好是冰冻的——被现在排列在东方街道上的鸟的锐喙啄破了。

我们几乎看不到广阔的平原,在地平线上,在森林和冰冷的河谷之间,敌人的炮火和我方的炮火照亮了天空——我们正朝向远处的炮火默然前进。

"距离伏罗希洛瓦还有5千米!"我们知道,当他们说5的时候,意思其实是10。误导我们是强行军时采用的绝招。我们听见一声又一声射击;在时而响亮时而安静的撞击声之间,我们陷入了沉思。

我们穿过了一片林区,真希望终于到达了壕沟和防空洞的最前方!这不仅是因为气温降到了零下35摄氏度。不，更重要的是因为我们知道敌人就在当面。在这里的公路上，他们到处都是，趴在雪洞和灌木丛中等着伏击我们；他们从陷阱里射击，沿途埋下木制地雷。

1月25日： 伏罗希洛瓦——可怜的堑壕系统里的一堆瓦砾——我们的新阵地。日常的炮击让雪不会在地面上停留很久。正如我们的战友所说的那样，这里也可以被视为"前线"阵地，因为这里每天都有东西起火，火焰至少给了我们一些急需的温暖。除了炮击之外，今天没发生什么事情。在另一边，以及这里，经历了昨天的大攻势后，人们都在休息。

1月26日： 下午发生了一起事件，事件本身不重要，却让我们感到不安。一支敌军巡逻队已经成功地逼近我们的阵地，我们在不知情的情况下观察了他们一会儿，直到他们投掷了几枚手榴弹，在我们能够认出他们并开火之前就逃走了。在远处，我们注意到几个穿着滑雪衣的身影消失无踪。再也来不及对他们做任何事情了。机枪的射击声响得太晚，子弹的冲击让雪溅起很高，在阳光下融化，但是苏军巡逻队早已在地面的一片洼地后面消失了。

我们这些"前线猪"现在确实拥有了第六感，它告诉我们，不久地狱般的场景就会出现，这场混乱将重新开始。突击工兵占据了通到公路的阵地，在工兵阵地的邻近区域，焦虑显而易见。当炊事兵背着晚间的汤到来的时候，隔壁的机枪又疯狂爆响起来。我们正在盛满自己的盘子，同时竖起耳朵、保持警惕。

高射炮火力现在进入了正在发展中的战斗。不久后，当步兵用步枪开火，最前沿的警戒哨派人回来报告时，每个人都放下了勺子，抓起武器和钢盔，走进了哨所，在那里人们目不转睛地注视着夜色。与此同时，炮兵也听到了前线发生的状况。

重炮炮弹从空中划过，落入敌人的战壕里。在公路左侧，已经就位的高射炮兵开始向敌人发射炮弹，冲击声和咆哮声接连不断。

现在每个人都知道发生什么了。因为敌军在重型坦克支援下实施突破，即便范围很小，但关系到我们所有人，于是突然间大批士兵都默然放弃了晚间的汤。

我们这个连无须长时间等候苦战开始。苦战一定会开始!

为什么我们的手指在扳机上变得僵硬,在决定性时刻弯不下去? 是的,以至于有些人甚至困惑地放下武器或机枪,只盯着前方看,不知道发生了什么事! 该死的! 这怎么可能? 这些穿着我军田野灰制服、戴着德军钢盔的人不止一个连,他们冲过敌人的战壕,呼喊着挥舞着手臂。

这可能吗? 我们是不是被夜间的幽灵愚弄了?! 但是我们都保持高度警惕。一名步兵中校 [1] 指挥官跃出战壕喊道:"站住! 口令! 哪个团的?" 与此同时,我们必须用颤抖的手指来调整我们的瞄准具:200米—150米—100米。但对方无人应答,结果一大群人冲了过来,他们边跑边喊,挥舞着手臂。就在这一刻,连长跳回了战壕,用薄薄的嘴唇下达了开火的命令。

我们用湿漉漉的手指射击,瞄准射击的速度越来越快——一秒钟内,海市蜃楼就消失了:那里的叫声和命令突然听起来模糊而奇怪。他们不是德国人,也不是德军的别动队员;没有哪个德国步兵会那样跳跃! 最后,一阵密集的防御火力猛烈射向前进的人群,尽管他们身着田野灰军服,戴着钢盔。我们怀着强烈而狂暴的苦涩心情向他们开枪。

如果不再有新的不穿德军军服的人群涌出广阔的雪地就好了。数百名苏军冲向我们,密集冲锋,然后散开,被子弹击倒。新的部队不断从他们的阵地上冲出,这些部队不再是连队级别,而是营和团了。我们还能坚持多久? 是否有足够的弹药? 如果陷入苦战,我们的手榴弹能否供得上消耗? 但不要纠结于不必要的想法,保持冷静并坚持下去。

战斗持续了一整夜,他们的预备队看来不可战胜。直到今天上午才平静了一些,援军也来了。一个步兵连到来,尽管行军让他们疲惫,但他们还是立即在我们的单薄防线上就位。

1月27日: 双方都进行了有力的巡逻活动。红军正在为新的进攻做准备,布

---

① 译者注:从下文看应该是中尉。

尔什维克战斗机和轰炸机的低空空袭造成了重大损失。

下午晚些时候，更多增援抵达：步兵和20毫米高射炮到了。

1月28日：经过夜间的几次相当猛烈的进攻，现在终于平静下来。红军一定蒙受了惨重的损失，在我们的阵地前尸体成堆。我们的88毫米反坦克炮摧毁了3辆坦克，其中1辆是超重型坦克。

各侦察单位返回，带来了敌军坦克和步兵部队正在向东北方撤退的消息。上级下令今晚发动反击，与此同时，我们接到了向另一处前线区域进军的命令。

倒霉！总是这样：一旦危险结束，就不再需要我们了！这一直都是同样愚蠢的故事。

我很好奇我们现在必须去扑灭哪场火。

"该死！"

1月30日：当森林和田野被巨大的白色裹尸布覆盖时，我从未像现在这样意识到苏联乡村那无法描绘的辽阔。很长一段时间以来，冰冷的呼啸声今天首次安静下来；没有下雪，因此我们首次能够看清这片难以置信的广阔空间。眼睛到达地平线时无法在某一点停留。一片白色平原似乎在无限往前延伸，没有中断——或者看似如此——因为穿过土地的深谷被雪掩藏了。

红军有秘密藏身之处。在这里，肉眼看不到的地方，敌人的防线就在村庄里。沿着顿涅茨河上游，是一座不起眼的小村庄格里亚兹诺耶（Gryaznoye），我们为之战斗了几个星期。布尔什维克差点就成功占领这座村庄，但是在关键时刻，德国军人的纯粹意志和勇敢确保了胜利。

但是现在，这里一片寂静；这一次，我们并没有被叫去当"救火队"。中型火炮在开火，飞机几次来访问，每隔一晚进行一次不算猛烈的进攻，仅此而已！这是件好事，因为过去几周我们可遭罪了。

在绵延数千千米的东线战场上，占领军在这里和其他无数地方一样，每天都在孤军奋战。这座村庄与其可怜的小木屋是我们的城堡，我们和一个连的步兵一起保卫它。

2月1日: 昨晚我们不得不抵御红军的一次特别凶猛的进攻。发生了一场激烈的近战，2名优秀的战友在战斗中阵亡。

步兵连连长，一名一战老兵，也是东线的老战士，他向我们讲述了旧日时光。如今的战争比25年前的第一次世界大战要残酷得多，因为我们现在面对的是一个狂热的敌人。

没有人投降，双方都会战斗到最后一发子弹。然而，最重要的是，由于空间广阔，一种被彻底抛弃的感觉此刻正在压倒我们；对自身力量的信心是唯一能给我们带来胜利希望的东西，很难指望友邻的帮助或支持。我们只占据村庄，而村庄之间的田野是无人区，那里夜以继日地在进行艰苦的战斗。

现在已经没有第一次世界大战期间那样定义明确的阵地系统了，因为当德军的前进停止时，地面已经像石头一样坚硬了。

由于缺乏一条连续的前线，敌人就有可能绕过个别阵地，从后方或两翼来攻打我们。除此以外，此处地形复杂，峡谷纵横，为进攻方提供了有利的环境。

这一切都会让我们的神经紧张到极限，因为每晚我们都会经历无数逐屋战斗和伏击。许多时候，就像在格里亚兹诺耶一样，我们不得不避免使用带刺铁丝网障碍物，因为村庄太过分散了。夺取每一栋房子的战斗是残酷的，因为这些可怜的小屋是唯一能抵御严寒的地方。这也是这些住宅两侧都配备了射击口的原因，这样一来，一旦敌人试图向村庄里渗透，我们的猛烈火力就能够从四面八方攻击他们。

2月3日: 两天两夜的和平生活已经过去了。不时会有一枚卵形手榴弹滚入我们的阵地，或者听见一挺机枪短暂的咆哮声或是火球呼啸而过，然后一切再度安静下来。这是个很不错的阵地，我们肯定可以在格里亚兹诺耶这座小村庄里再待几个星期。

事情本来可以这么美好，但事与愿违！下午，换防的人员抵达，他们带来了命令："保安分队将离开格里亚兹诺耶，黑格纳中尉要于2月5日前往雅科夫列沃报到。"

真倒霉！还来，这肯定会是另一次炼狱！哦，好吧，诅咒也于事无补。第299

反坦克营，优秀的老助产士，不入地狱谁入地狱！

我们的衣服都打好包了，明天一早就出发。

2月4日：在一场猛烈的暴风雪中艰难行进。沿途遭遇游击队的射击。因为我们是前线猪，而不是补给线上的年轻贵族，所以我们在短时间内就搞定了局面。离得最近的村庄起火了——焰火在该死的寒冷中让人感到温暖。

2月5日：中午之前，我们抵达雅科夫列沃。几个小时前，强大的红军飞机将这里炸翻了天，现在每个角落都还在燃烧。感谢上帝，它们没有命中我们的弹药或补给设施。黑格纳中尉带来了新命令：我们将立即前进，今晚在列斯基（Leski）附近就位。你注意到了吗，士兵？晚上就位？伙计们，这可太糟糕了！

我正带着几个疲劳、肮脏的家伙去列斯基，他们的脸色变得严肃起来。"听。"低沉的隆隆声和雷鸣般的动静从东面飘来，那是列斯基传出来的鼓点般的射击声。

2月6日：一切顺利，没有任何损失，我们进入了战壕和坑洞。与我的战斗小组一起，我们就蹲在一个土豆地窖里。我们可以听见上层雷鸣般的撞击声，有时很近，有时很远，各种口径的炮弹正嘶嘶地落入地面，钻入坚硬的冻土之中，桌子大小的大块泥土被掀飞到数米之外。列斯基的老兵非常清楚这场恼人的"音乐会"意味着什么。

稍晚一些，大队红军将再度前进，就像这些天经常出现的情况那样，他们会落入我们的防御火力陷阱。日复一日，夜复一夜，红军不断强攻我们。最强的炮火位于哈尔科夫和库尔斯克之间，即位于我们补给线上对红军最为有利的潜在突破点，只有在这里，才有可能开始部署计划好的对哈尔科夫的争夺。

占领这座高地和列斯基的废墟，对占领通往别尔哥罗德—哈尔科夫和库尔斯克之间的直达公路而言，具有决定性意义。为这堆泥土流的鲜血之多，令人难以置信，而且还会更多！

2月7日：几个小时以来，在红军可怕的炮火下，大地被炸得坑坑洼洼。一连串苏联"马丁"式轰炸机将炸弹投到列斯基的废墟上。经过夜间的两次和上午的三次强攻，我们现在估计会迎来当天的第四拨强攻。

13时，西面的观察哨数出这座高地被大口径炮弹砸了1600次。作战指挥部被直接命中，全体人员都被埋在瓦砾之下。韦森多夫（Wessendorf）的炮兵部队也被直接命中，在废墟里找到了克莱默（Klemmer）的尸体。

到了晚上，今天的第四次进攻已被击退。与此同时，迫击炮摧毁了我们的散兵坑，储存在坑里的用于近距离对付坦克的燃料被点燃，我们的所有物品都被烧毁了。可怜的猪在零下35摄氏度的气温下没有毯子，现在还没了水壶和炊具。"坚持住，伙计们！我们不能动摇！"

这该死的地狱！

2月8日—14日：每个白天或晚上，红军都会发动三四次猛烈进攻。连续4个小时，他们向我们薄弱的防御设施倾泻着凶猛的火力。我们畏惧布尔什维克军队无情的火力覆盖，红军步兵的大举进攻倒不那么令我们害怕。这些步兵大多训练不足，仓促上阵的新兵只会接二连三地径直冲进我们的火力网，却不寻找掩护。

伴随步兵进攻的重型坦克要危险得多，我们的防御设施，包括火炮和坦克火力对这些隆隆向前的怪物几乎无能为力。除了特殊弹药外，坦克炮弹也会被重装甲弹飞，产生不了任何影响。红军战车毫无阻碍地在瓦砾堆和我们的阵地上纵横驰骋。车顶上有十一二个苏联少年，他们的口袋里装着我们的思嘉乐（Scho-Ka-Kola）巧克力，手里握着手榴弹，正在向我们的防线投掷。起初我们并没有把他们当回事，这些人，但不久我们就更清楚地了解了他们的威力。他们像猫一样坚韧敏捷，让我们遭受了相当大的损失。他们拥有一整连的危险少年，"无产阶级青年近卫军"就在那里。

我很难详细描述与这些孩子肉搏的恐怖场面，任何没有来过这里的人永远不会理解这里发生的事情。成年德国军人，其中许多人的儿子与这些孩子同龄，不得不和他们进行残酷、血腥的战斗！我在很长一段时间都无法忘记这些可怕的场景。

我们不怕这样一群被自身恐惧逼着进攻我们的人。如果那场将我们身边几乎所有东西都撕成碎片的凶残炮火能结束就好了。如果我们有武器可以粉碎和我们进行这场杀戮角逐的坦克就好了。

2月12日，我们的最后2门反坦克炮被52吨重的坦克碾过。在多架飞机的支援下，红军想要在中午前后发动大举进攻。在一天一夜的时间里，为了争夺海拔更高的几座阵地，双方进行了激烈战斗。我们的人员损失异常之高，现在每个连平均仅剩大约30人！

绝望缓慢地，非常缓慢地爬进了我们这些士兵的心里。我们这些战斗小组组长必须动用所有的力量让士兵们保持警惕，做好战斗和防御准备。真是一项艰巨的任务！我们的语言听起来完全没有说服力，因为我们自己都不再相信我们会活着离开这里。列斯基就是座万人坑！

2月15日：就在红军于2月12日开始大举进攻的同时，布尔什维克的3个坦克师在哈尔科夫以南的前线打开了一道40千米宽、70千米深的突破口。此时，我们知道古德里安（原文如此）正在那里反击。但是我们也知道，此处和哈尔科夫附近的这两次突破是直接相连的，这是布尔什维克包围哈尔科夫，从而孤立第6集团军北部部队的大规模计划的一部分。此举要想成功，就只有突破我们勇敢而顽强的抵抗。

2月16日：我们简直不敢相信：援兵到了。伙计们带来了好消息：预计坦克很快就会开来，甚至今天突击炮也会在这里部署和使用。我们的情绪晴雨表又回到了"好天气"。无论如何，我们都将死守阵地！

2月17日：凌晨时分，30架德军攻击机突然抵达。就像雀鹰一样，它们向沙霍沃（Shakhovo）附近该死的炮兵阵地俯冲。到处都是高高喷起的泥土和金属。然而，就今天而言，一切都很平静；晚上，每个人都能睡上几个小时，这是很长一段时间以来的第一次。

2月18日：昨天的空袭不仅摧毁了敌人的几门大炮，也粉碎了红军为接下来的进攻所做的准备。今天，我们的空军战友也在中午前后出现，空军以三波10架飞机的编队，呼啸着冲向敌人的阵地。浓厚的黄黑色烟雾笼罩了另一边的峡谷上空几分钟才飘散。

2月19日： 黎明时分，完全出乎我们意料的是，苏军重型坦克部队突然发动了进攻。在高加索神枪手组成的两个营的陪伴下，他们成功突破了我方阵地的左右两翼，到13时，列斯基已经被绝望地包围了。我军通信单位的莫尔斯电码从未间断过，向南北两个方面，向师部和军部都发出了SOS呼叫信号。我们从两边得到了相同的答案："2月18日，援兵已经离开3576（雅科夫列沃）前往L方向。"

该死的，他们早就应该在这里了！在雅科夫列沃和这里之间的某个地方，一名功勋卓著的士兵进行了他的第一次也是最后一次战斗，我们对这件事了解多少呢？为何没有人告诉我们这样的事情，这对我们来说将永远是个谜。这个营向列斯基行军的180名战友，此前从未经历过激烈战斗，昨晚被红军像动物一般屠杀了！但是我们又知道些什么呢！夜晚变得很可怕！没有停顿，敌人一口气冲上了我们的山头。一次又一次，我们经历了残酷的近距离战斗。我们还能坚持多久？我们的增援部队在哪里？我们的弹药所剩无几。好吧，那就慢慢射击，别忘了留下最后一颗子弹！黎明时分，奥勒斯（Oles）死了，因为胸部被刺刀刺伤阵亡，他是我们战斗小组的第五个，也是最后一个战死者。我们都在慢慢走向终点。太糟了，活着是如此美好！

2月20日： 尽管暴风雪再起，但我们能够听到西面非常微弱的炮火声。这炮声会是我们的救世主吗？列斯基受到的进攻随着时间的推移变得越来越弱，到中午前后就完全结束了。

突然，几架轰炸机出现了。我们以闪电般的速度隐蔽。然而，这一次是德国的亨克尔轰炸机，它们绕了两三圈，然后空投了急需的弹药和补给。

我们的几辆坦克和一些步兵正从西面接近！补充兵和换防人员！我看到不少像熊一样强壮的家伙眼里含着泪水。夜间，一个侦察巡逻队与从西面到达的援兵取得了联系。

2月21日：红军正在撤退。9时，德军坦克部队抵达列斯基！会师的场面难以描述，我们怀着深深的喜悦和感激之情，我们拥抱"黑兄弟"，我们的救世主。短暂休息后，他们开始猛攻敌军阵地。我们不能给红军任何喘息的空间，我们必须彻底清除那里的敌人，一劳永逸。

下午的时间随着补充兵的到来过去了。

2月22日：得救了！少数衣衫褴褛的脏兮兮的士兵经过我们阵亡战友安葬的区域。其中一半人将留在这里，这些勇敢的汉子在这片死地的顶上找到了他们最后的安息之所。我们挖掘了三个大号墓穴。红军的炮弹同样做了工作，地面被猛烈的爆炸掀翻，坟墓里的尸体散落一地，第二次或第三次被炸裂。甚至更加可怕的画面不久就会替代这幅恐怖的画面。

经过4个小时的行军，我们到达红军击杀180名援军的地点。根据俘虏提供的信息，这些人甚至为这个恐怖的地方拍了十几张照片（4周后的3月25日，数十万印有这些照片的传单被空投到哈尔科夫—别尔哥罗德）。

我们这个小小的战斗群身心俱疲，黄昏时分抵达雅科夫列沃。虽然这里的每个人都知道列斯基增援部队的悲惨景象，但这次有人扭过头去看了看。我们都像疯子：浓密的络腮胡须布满了苍白的脸庞。我们中的一些人戴着苏军的军帽，另一些人则穿着棕黄色的红军外套、羊皮袍、靴子上裹着麻袋。除了武器之外，我们没有其他任何装备——没有毯子、没有面包袋、没有水壶或炊具；一切，我是说一切都在2月20日的第三次苏军进攻中被彻底摧毁。现在两副雪橇就足以将最后2挺机枪运走了，我们的3门反坦克炮在这片死地上被炸得粉碎，散落在了那里。

2月23日：回到奥博扬。列斯基的那些日子深深影响了我们的身心。一些人罹患严重的神经热，另一些人则患有严重的冻伤。风湿病也很猖獗。我的腿疼得厉害，可能是上次受伤所致。该死，我们是军人，不是老太太！如果我们中的任何一个人在这里精神崩溃，那就随他去吧——以后回到家里，我们妻子的爱和耐心会治愈许多表面和内心的创伤。

2月24日—28日：前线各处正在进行激烈的防御战。红军寄予所有希望的冬天即将结束，天气仍然寒冷得可怕，冰冷的暴风雪仍在广袤的平原上肆虐。"机不可失，时不再来"，这是斯大林的座右铭。我们已经进入冬季战斗的高潮，这些天每个人都表现得像个超级英雄。

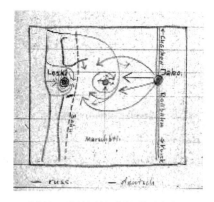

▲ 2月18日，德国空军空袭苏军炮兵和步兵阵地的草图。"Jabo"是德语俚语，意为战斗轰炸机（Jagdbomber）。

这支部队的所有班组，连同他们最后的预备队，都投入了防线。防御意味着要击退敌人，击退并不意味着一直等待，直到敌人采取主动并确定战斗的大致轮廓。击退还需要进行反击，投入侦察队查明敌人的意图，从而在敌人的战略和行动计划成形时击败他。击退意味着进行小规模战斗以获得有利的阵地，这不仅意味着时刻保持戒备，在凶猛的炮火中坚守阵地，抵御空袭，也意味着直面坦克的威力。击退还意味着一秒钟都不能疲劳，一直要将手放在武器上。这会侵蚀你的神经，消耗你的体力和灵魂。

在国内大后方，他们永远无法准确了解这场东线防御战对我们的要求：疲惫、对意志力的调动和个人牺牲！前线是步兵，然后是我们反坦克兵——步兵永恒的伙伴和最忠实的朋友！我们在前线，离危险最近。在这几个月里，我们只看到雪、敌人和荒凉的旷野，我们经历的只有危险和人与自然的斗争。

一连几天，我们的靴子都没脱过，炉火的温暖离我们很远。低温和暴风雪让我们浑身发抖，即使我们在吃饭时，一只手也总是放在枪上。一只耳朵总是留意外面的情况，即使在战斗已经平息的时候也要倾听敌人的动静。

需要加倍付出和奉献自己的力量，才能弥补死亡给我们的防线造成的损害；兄弟情谊的不成文法则和当下迫切性的要求，丝毫不减。我可以列举数百个关于我们前线无私战友情谊的感人事例和事件。

东线的这些防御战之所以如此艰难，各种物资之所以如此匮乏，是因为敌人在残酷无情地向我们的前线投入大量人员和物资。这是一场对雪、严寒和冰的战斗。

在这些艰难的时刻，弹药变得稀缺，而另一方，更多新的兵力又向我们涌来。在这些艰难的时刻，前线的士兵徒劳地等待着食物和饮料，因为补给车被困在暴风雪中。这就是莱斯基的情况，敌军的优势兵力简直令人窒息。这也是指挥官们的艰难时刻，他们常常面临这样的抉择："我们还要再坚持下去吗？我们不是已经竭尽所能了吗？"尽管如此，我们这些在东线孤寂的散兵坑里守望的人，谁都没有抱怨。我们谁也不会因为少了一顿饭就放弃希望，我们谁都没有因为身体已经很久没有感受过火炉的温暖而去咒骂。我们知道，这一切都是对我们的要求，因为战争的更伟大目标要求我们忍受这一切。

这数月以来的冬季战事对我们来说已成为第二次世界大战。我们被迫在这场防御战中遭遇形式最残酷的战争，敌人的残暴进一步加剧了这种残酷。

波兰和法国无法与第一次世界大战时期相提并论，就连我们这些年轻的士兵也从自己的经历中知道这一点。然而，东线战事，尤其是在这里度过的几周，可以与第一次世界大战的烈度相比。在所有方面！

对于德国陆军，对于我们每个人来说，这都是一场烈火的考验。我们以一种责任感和奉献精神迎接了百倍的考验，这种责任感和奉献精神只有直接领导层和最高元帅本人才能真正理解。我们一点不觉得自己像"英雄"；我们只希望对我们的表现有个简单的致谢。

我们不希望因为艰苦的生活得到怜悯；我们只想要祖国的骄傲和信任。在有史以来最残酷的战争之一当中，当一个全然不懂战壕里的苦难和战斗的人已经相信并且谈论我们打了一场败仗，甚至将一个村庄或者一片土地让给敌人时（其实是出于战术原因），对于我们这些前线战士而言，是一次更加痛苦的经历。这样说话的那些人践踏了为理想而战时洒下的所有鲜血，践踏了我们用最后一点力量所做的超人类的各种努力。这一切意味着什么，比如战斗和努力这样的词汇？与现实相比，雪、严寒、冰、孤寂、精神负担、暴风雪、冰冻和路况差可能会意味着什么？我们可以将欧洲生活中的含义赋予这些词汇，而这些含义在东方并不适用。在这里，它们意味着无法承受的夸张。目前，大自然在战斗中单独投入了一些东西，这只能被描述为欧洲冬季的超级增强版。

红军一次又一次地部署火炮、坦克、飞机和步兵的联合行动。他们相信数字具有决定意义的重要性。我们都非常清楚这是危险的。然而这些日子以来，越来越明显的是，一个人、单兵可以比单纯的数量和人多势众更有效。战斗的负担比以往更重地落在我们的肩上。

由于积雪和道路结冰，坦克和车辆的机动性受到抑制，无法使用。对不起，但小型面板雪橇已经取代了坦克和机动车辆。发动机和机枪在寒冷中受到严重影响，它们可能会垮掉，但是我们不能，不然前线就会崩溃。

在这场战斗中，变得越发明显的是，每一位战友的精神敏锐性都发挥着决定性作用。在这里，我们坚持着、活着、承受着人类能够忍受的一切，从残忍行径到极端暴行。谁能说出每小时在前线发生的所有行为？就像第一次世界大战期间那样，堑壕战、手榴弹和刺刀获得了最高荣誉。肉搏战是可怕的日常现实；不断的猛烈火力攻击是死亡的伴奏曲。尽管如此，我们还是像一堵不可逾越的墙一样站在敌人面前；愿上帝赐给我们力量，让我们在这些冬日最艰难的日子里坚守下去。

3月10日： 他们让我们从北到南，又从南回到北，从普罗霍罗夫卡（Prokhorovka）经松采沃（Solntsevo）和巴哈洛夫（Baharow），总是带到需要灭火的地方。星期二，我们遭遇红军的大规模进攻，这次进攻始于2月23日，即红军建军纪念日。由于苏军在东线南部大规模部署，这将是对我军部队耐力的最新一次重大考验，我们的防御将他们击溃了，我们在动员可以动员的全部力量战斗。从现在直到春季攻势，红军肯定会十余次尝试突破我们的防线；但是他们的进攻将永远不会再达到如此危险的程度。我们知道自己已经度过了最困难的时期，不用多久，春天就将到来。

3月11日： 我的腿仍然疼痛难忍。他们建议我转到野战医院去。但是我什么也听不进去。把我从这里撬走？没门儿！所以我现在平躺着。在我旁边是一部折叠式电报机；我昼夜不停地执行与各指挥所的通信任务。这是一项充满责任感的任务，我很高兴能派上用场。

3月12日： 这里相对安静，只有飞机频繁骚扰。这些敌人已经知道这个地方挤满了来自各个兵种的参谋人员。昼夜交替的几轮轰炸机向房屋射击，但是这并不重要，因为我们的损失很小。

3月13日—14日：夜间有空袭警报。上级下达了高度戒备的命令。3架重型运输机已从别尔哥罗德方向飞来。空降兵部队前天攻击了陆军师的总参谋部派驻机构，造成了很大破坏。警戒部队增加了一倍，巡逻队也开始行动。

凌晨时分，敌人发动了一次突袭。但是他们从这里突破的多次尝试都是徒劳，因为我们的几个炮兵连所处的阵地颇佳，在敌人能够做好准备之前就摧毁了他们的力量。

夜晚悄悄地过去了；除了警备部队和前哨外，所有人都挤在几座被子弹火力严重损坏的临时营房里。一张摇摇晃晃的桌子上燃着烛台，我的部队就聚集在桌子周围。他们中的一些人正在写信，另一些人正在热烈讨论。我属于后者。大家又在谈论休假、家乡、补给和许多懒鬼。当"在后方服役"和"补给单位"的词汇被人提起时，人群中爆发了愤怒的嚎叫声。今天上午，我们所有人都对补给线的勤务人员和炊事员感到非常愤怒。那些家伙整天都在后方安逸过活，浪费时日，而我们整个冬天都在冰天雪地里坚守阵地。我非常清楚这些"优秀"战友在苏梅和列别金前线后方的条件，也通过无数信件得知，国内许多人完全不理解我们在前线的牺牲。

在前线，我们这些以背负"前线猪"之名为荣的人都是铁骨铮铮的汉子，我们用死亡和鲜血凝结成一个紧密的团体，成为不可分割的兄弟。而这些满身污垢和虱子的家伙想要坚持下去，所必须坚守的只有一样东西：爱——其深度是大后方的任何人永远无法想象的——对一切写着"家"的东西的无限的爱和敬慕。我真的相信，只有那些每天都在与死神搏斗的人——无论是在肉搏战还是在最酷烈的连续火力战中——才有能力获得这样一种无条件的爱。我们每个人都心甘情愿为大后方的你们献出自己的生命。这些部队首当其冲，他们就站在最前线——这就是我们的想法。

在我们后方是补给和供应单位，他们的想法已大不相同。对被部署到前线的畏惧，以及对我们的畏惧，深深地笼罩着他们。顺便一说，由于他们所讲述的血腥故事，这些家伙后来会在大后方被誉为"英雄"。我只是顺带提到这件事，因为对于真正的前线士兵来说，所有这些装腔作势和虚情假意都是完全不合适的，因为大声吹嘘的言辞有违我们对失去的亲爱战友的怀念。

甚至在更后方的是占领部队，他们的"问题"是妓女和其他妇女。这些人就是大后方照片里的那些人，裹着厚重的毛皮大衣，在冰雪中聚集成群，组成了一幅美丽的图画（"哦，那些可怜的家伙，多么可怕的俄罗斯的冬天！"）。大后方有人知道这些正是前线极其想念的毛皮大衣吗？有人知道他们正在和这些女人一起喝的，是本该给予我们温暖和令我们暂时忘却时光的烈酒吗？

然后，在最后面，是大后方的高射炮兵。他们甚至都不知道现在还在打仗，只知道高炮兵中的女性占比更高。来加入我们吧，你们这些只会整日坐在起居室里高谈阔论的战士们，来替换你们那些操作20毫米和88毫米高射炮的战友们；他们理应被换下，那些亲爱的勇士们！

上述这3个集团的人的补给部门是3个大号的"补给过滤器"（滤出的是水分，留给自己的都是干货）。战士，你注意到什么了吗？我们，东线的战士，不被允许携带武器返回祖国！为什么？是的，为什么？是的，到底为什么呢……

3月22日: 午前，苏联红军已经部署了强大的空军。与列斯基相比，这一切算什么！这一天就在微弱的进攻中结束了。夜间，强大的布尔什维克部队得到坦克支援，发动了突袭，然而，在我们的各炮兵连的防御火力进行了两小时战斗后，这次进攻停止了。一些战俘和逃兵正在接受审讯。这些俘虏隶属苏军突击队。那里的情况似乎并不乐观。据说对面的补给和弹药又少又差。红军突击队的任务就是抓俘虏和缴获自动武器。

3月23日: 今天也相对平静；只有轻微的骚扰性火力从对方到达我们这边。太阳悬挂在蔚蓝的天空中，温暖极了。地面已经开始解冻，又到了泥泞不堪的季节。几周后，地面将再度干燥，为春季攻势做好准备。

3月24日: 明天我们将要换防。这一次我们并不期待这个。日子已经平静，以我们的标准来说是平静的；白天只有中型炮弹射击，夜间偶尔有几次虚弱的进攻——这对我们来说算什么？我们已经习惯了与这个冬季完全不同的环境。很遗憾我们要离开了；这是一个很出色的团队！

3月25日： 换防顺利完成了。中午，苏联战斗机突袭了我们的行军队列，1人受了轻伤。傍晚时分，我们顺利抵达奥博扬。

今天，我得到机会阅读了一份有意思的敌人新闻简报，其中列出了列斯基附近几场战斗的数字。在2月17日至24日，红军多次将进攻重点放在奥泽洛夫斯基（Ozerovsky）—列斯基地区，仅在第75步兵师防区，敌军就损失了一共2万人，其中9000人阵亡。以现有的战斗力来衡量，这些损失的规模相当于苏军4到5个师的兵力，这个数字还要加上俘虏和逃兵的人数。在战线的其他地区，情况也没什么不同。从众多俘虏的报告中，我们得知苏军所有连队已经减少到了20人甚至14人，这表明苏军的情况一点都不乐观。

布尔什维克在过去的冬季的几个月里付出了令人难以置信的流血牺牲，这也会对红军行将到来的春季攻势产生极其负面的影响。尽管如此，在这里也不宜过分乐观。我们都知道苏联没有白白浪费这个冬季。在他们的后方，得到加强的战线已经做好了准备，乌拉尔地区的工业中心已经生产出一系列改进过的 T-34 坦克。

3月27日—28日： 不时有几架苏联飞机骚扰我们。它们嗡嗡作响地到来，从我们头顶将将掠过，用机载武器向我们扫射；我们周围轰轰乱响，这代表我们必须全力寻求掩护！而且要快！那些在地上找不到坑洞的人就爬进卡车，或者冲到卡车底下，等候这次"天上的赐福"过去。到处都是机载武器在射击，炸弹纷纷落地。

3月29日： 晴空一片，万里无云——飞行的最佳天气。突然间，就在用正餐时，我们勇敢的高炮火力开始咆哮。当这些小而危险的乌云在高空形成时，我们开始听到低沉的嗡嗡声，并看到3架苏联轰炸机从我们头顶飞过。高炮火力变得猛烈起来。我们都站在那里兴奋地观察，仿佛这是一场惊心动魄的拳击赛，我们就在拍照。那里——命中了！当其中一架轰炸机开始无精打采，变得不稳、摇晃，然后一侧机翼垂直下滑，身后拖着一团长长的深色烟雾，此时多人的欢呼声爆发了。我们先看到森林边缘升起了巨大的蘑菇形烟雾，然后听见坠毁轰炸机沉闷的爆炸声。

另外2架轰炸机平静地继续飞行。我们之中一位战友首先看到了它，并伸出右手指向天空中的一个极小的点，这个点迅速变大，朝着向东飞行的轰炸机笔直前进。是一架德军战斗机！此刻悬念开始升腾！人们早就忘记了豌豆汤，豌豆汤下次再喝！但是这样的空战可不是每天都能看到的。

当战斗机高速接近轰炸机时，它突然向上拉升，直接悬在其中一架轰炸机的上方，然后从上方以陡峭的角度冲向轰炸机，将一梭又一梭子弹射向轰炸机。一梭出现，然后是另一梭子弹。一直是短促而精准的点射。然后它转身离去，不再理会敌人。起初，我们有一点失望，但后来我们意识到发生了什么事。轰炸机似乎从一道起初狭窄、稀薄的烟雾中拖了出来，然后这道烟雾变成浓厚的黑烟，形成了一团火焰，轰炸机便向下栽落。在最后一刻，飞行员跳伞逃生，但是他的降落伞仅仅在空中飘荡了一瞬，就被自己那架坠落的飞机拖入了深渊。

空战持续了不到2分钟，这时战斗机早已不见踪影。天空碧蓝无云，恢复了一如既往的平静，我们碗里的豌豆汤还是温的——空战就是这样迅速发生的。

3月30日： 完全出乎意料的是，天气一夜间就变了。暴风雪肆虐，强度之大是我们在整个冬季都未遇到过的。我很同情雪橇部队，他们在开阔地遇上了突如其来的暴风雪。我们穿梭在这场骇人的暴风雪中，能见度不超过两米。我们前方有两支雪橇部队，我们非常担心他们，因为他们迟到几个小时了。只有到了傍晚，其中一支雪橇部队才到达，另一支却不见踪迹。

3月31日： 风暴已平息。太阳平静地挂在空中，好像什么都没发生过。然而，一夜之间发生了许多事情。昨天的暴风雪之中，第二支雪橇部队错过了公路，掉进了深谷，我们的战友在夜里冻死了。还有一件更加严重的事情发生：红军背靠东面的暴风雪，再度成功封锁了德罗兹德（Drozdy）附近的公路。为了加强反击，我们在中午前后到达了突破点。

敌军已经被击溃，我们在这里没有什么可做的。我们的炮兵对被红军占领几个小时的德罗兹德造成了严重破坏，被击败的敌军不得不留下几百具死尸。在村里的一条街道上，这些尸骨死状尤为惨烈，有人就称这条街道为"死亡大道"。其他人将这几个字写在木板上，然后将它安在公路边的一根杆子上——死亡大道！在战争结束之前，库尔斯克公路的这一段就被这样命名。

左边的一条沟里，躺着一名死去的女枪手；大炮将她炸得面目全非。她那张依然年轻的脸庞一半已完全消失了，金色长发也无法遮掩可怕的伤口，如果不是她胸前的灰棕色衬衫被撕开，我都不会知道一个女人的命运就在这里结束了。

对于一个只习惯与男性战斗的士兵来说，突然遇到一具女性尸体是一种奇怪的景象。

4月1日： 一项安全任务将我们召集到梅德文卡（Medvenka）。这里也是第299步兵师余部和其他部队的临时集结点，这些部队将被分编进不同的战斗群里。我们完成编组后，即开始"扫荡"前线。几周之内，我们就向北前往库尔斯克方向，并将再度归入值得信赖的莫泽将军的领导之下。大扫除也来到了前线！

4月中旬： 这是个泥泞的季节！

几天前还冻得结结实实的公路和街道现在已经化冻，变成了沼泽，人畜都面临着溺水的风险。在我们阵地的许多区域，几千米范围内只有肮脏的冰水。在这几周时间里，我们几乎每天都要在齐胸深的刺骨冰水中涉水前进，才能到达进攻敌人的集结地。

到了月底，我奉命前往奥廖尔和哈尔科夫执行一项重要的递送任务。如果要复述我们沿途与游击队的遭遇以及途中遇到的各种危险（大部分路段都被水淹没了），就要写满这本日记的每一页了。

在哈尔科夫，我们碰巧陷入了一场坦克战，而在别尔哥罗德，苏军的一次猛攻炸毁了我们的弹药库——我们还能活着出来真是个奇迹了。在库尔斯克城前，我们被苏联飞机追击，我的摩托车挎斗被机枪火力打得千疮百孔；在波内里（Ponyri）附近，一群游击队员想要抓住我们。换言之，我们非常高兴能够在12天后归队。

到4月底，该师退出战斗。由于公路无法通行，我们只能徒步行军到达库尔斯克。我们继续向北走，2天后到达了波内里的主要铁路枢纽，并在别列佐韦茨（Berezovets）宿营。我们来到了第2装甲集团军的辖区，经过冬季期间几个月的长途跋涉，我们最终得以回归莫泽麾下。那些惬意的休息日在5月15日突然结束。在一次快速强行军期间，我们被送到奥廖尔东南方，进入非常危险的利夫内（Livny）地区。

5月25日：冬季和泥泞季节已被遗忘——现在闷热笼罩着我们的阵地。炎热的夏季几乎一夜之间就来临了，这个该死战区，天气和战斗都很热。但愿这是堑壕战的最后几周，我们很快就会再度前进。

短暂的夏季月份不久就将结束，到那时，是的，或许到那时我们将迎来一件难以想象的大事——与妻儿和父母团聚。

愿上帝保佑我们有机会再次看到自己的家。

前线作战与斯大林格勒战役后的撤退

编者注：

汉斯·罗特的第三本日记，始于他在奥廖尔东面的利夫内地区，该处几乎是德军当时在苏联前线最远的地方。在这里，他经历了堑壕战、拉锯战和轰炸，而苏军试图在德军防御工事下方进行坑道作业。

与此同时，1942年的德军夏季攻势开始，向斯大林格勒和高加索地区推进。起初，攻势非常成功，征服了纵深数百千米的新领土。罗特在8月份休假，但当他返回苏联时，德军的进攻势头已经停滞。

事实上，苏军正在全线发动反攻。沃罗涅日（Voronezh）是德军最初的战役目标之一，已成为血腥的城市巷战现场。

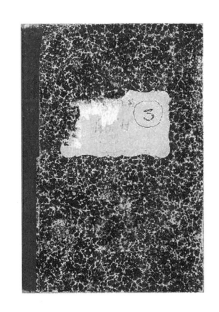

11月19日，苏军发动了大规模反攻，深入斯大林格勒两翼德军盟友的战线，孤立了第6集团军。罗特所在的部队在包围圈外面，被派往顿河沿岸帮助意大利军队巩固战线，但无力阻止其全面崩溃。

罗特所在的反坦克营随后被派往库尔斯克，却发现苏军正在逼近该城，而德军正准备弃城。城市一座接一座在苏军的推进下沦陷，罗特发现自己正在退往基辅的

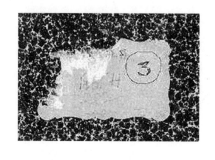

半路上。罗特想到他所在的反坦克部队再度被当作一支机动救火队来使用，不仅表达了对家人的思念，还在为第299步兵师的其他人说话："我们听说他们作战非常英勇。"在这一时期，日记中基本上没有确切的日期，当他的部队在隆冬时节乘坐平板车转移到奥廖尔时，他的描述只剩"无尽的痛苦"。

奥廖尔现在已成为德军楔入苏联领土的突出部的一部分，尽管这座城市周围战事激烈，但罗特还是设法熬过了他在苏联的第二个冬季——在这个冬季，第6集团军被彻底歼灭，他还目睹了德军部队的重整。在迄今为止的战争中，苏联在冬季取胜，但是他们依然无法在天气好的时候阻止德军。1943年夏天，这个作战体系即将面临一次最后的考验。

6月：在我面前是一片广袤的俄罗斯平原，巨大的峡谷深深地切入黑色大地，就好像窗玻璃上的裂缝，险象环生。那里终年潮湿如沼泽，是疟疾和其他尚未命名的发热流行病的温床。HKL（Hauptkampflinie，即主战线）沿着一片狭长的树林和零落的小木屋延伸到这里。在数月掘壕战斗中，数以千计的炮弹将地面炸得伤痕累累，草地都被烧焦了。热浪笼罩在受到严重破坏的堑壕上，在这断断续续的热浪中，另一边是苏军的掩体。眼睛很难睁开，因为热浪袭人，我们的四肢又像灌了铅一般沉重。

正午前的半个小时，带着诱人的平静，是一整天里最关键的时刻。我们一边打瞌睡一边等待开饭，离入睡仅有一步之遥。然后，突然之间，从另一边传来了嘶嘶声，雷霆般的巨响就在我们的掩体之外爆发。每天中午都会发生同样的事情，无论如何，我们每次都会从梦中惊醒。脑海中关于家的画面和我们所有的憧憬都突然被撕碎了……

嘶嘶声、隆隆声和雷霆般的巨响持续了一到两个小时。在这里和另一边，无情的风将爆炸产生的烟雾和恶臭味混合到一起，这些五颜六色的波状烟雾，再加上刺眼的白色弹片云，形成一团肮脏的灰色。弹幕开始缓缓消失了。

夜晚潮湿寒冷，充满不安。每个傍晚炮兵为纪念白天结束而开火后，前线的战事便愈演愈烈。重炮已经停止使用，现在是时候使用小口径火炮、反坦克炮、机枪和步枪了。在前线，迟到的部队在黑暗中摸索。耀眼的白色照明弹也在夜空中嘶嘶作响。马克沁（重机枪）就像受惊的母鸡一般，在向远处某地开火。我们的回应是用更多的机枪开火，几分钟之内，整片"鸡舍"都乱作一团，整条战线都落入了地狱般的喧嚣。敌我双方通常需要几个小时才能平静下来，到那时，通常夜已经深了，你不得不再度将困意抛开，准备迎接新的战斗。

在利夫内地区星光灿烂的夜晚，空袭令人难忘。在晚上双方炮火对决的地狱般的炮声之后，是一片压倒性的平静，然后，当我们在战壕里能写下一封信的几分钟时，突然间，空中响起一阵美妙的歌声：伊万（德军称呼苏军的俚语）来了！

轻快的歌声转变为震耳欲聋的炮声，在空中弥漫了几个小时。每个夜晚都是同样令人敬畏的画面；数百道电光在空中爆发。白色、绿色和红色的光影在空中飞溅；长长的黄橙色弹道被射入空中，伴随着20毫米高射炮的猛烈射击。耀眼的白

▲ 汉斯·罗特第三本日记中的一幅地图，描绘的是1942年底苏军大举反攻期间的南部前线。铅笔绘制的线条显然表明了敌军切入第6集团军后方的多次进攻，该部在斯大林格勒陷入了孤立无援的境地。

色镁闪光随后从上方落下。地面上熊熊燃烧的红色火焰蹿出五六十米远，然后就像出现在一棵燃烧的圣诞树上的黄白相间的装饰物，这就是我们所说的美国曳光炮弹——只是这样的圣诞树下没有悬挂礼物，只有步兵。

我们尽量隐蔽自己的行动，以免向苏军透露更多信息，因为黎明的曙光已经照入我们的短壕和壕沟。紧接着，一阵咕噜咕噜的声音从头顶传来，随后变成了隆隆的嘶嘶声，然后是一声巨响；大地在颤抖，一簇簇闪闪发光的弹片在空中划过……一次……两次，又一次。然后飞机从我们头顶疾驶而过。在邻近的战壕里，火焰直冲云霄，直到不再有炸弹为止。闪光自上空而来；苏军飞机在用机载武器向我们射击。我们从地面用机枪和20毫米高射炮进行对空射击。我们的周围是一片惊雷般的撞击和爆炸声。多么壮观的场面，就像审判日！尽管一切都已过去，但无论是谁，只要能静下心来欣赏这狂热的画面，都会一直对利夫内的这些夜晚记忆犹新。

多么艰难的日子！苏军非常清楚库纳赫（Kunach）地区的重要性，日复一日地向堑壕里投入援兵，同时拨出了更多的重炮和该死的火箭炮车（外号"斯大林的管风琴"）部署到前线。

闷热的天气里下着小雨——这股炽热的空气就像尿一样温暖！相当多的人因为罹患疟疾步履蹒跚。公路成了无底的泥坑，战壕是一片大沼泽。该死的堑壕战！我的猫耳洞快被水溺了，没一处地是干的！

阳光再度普照大地，红军可能跟我们一样，在雨季里受尽折磨，现在变得更加咄咄逼人。到了夜间，在坦克的支援下，他们突破到我们最前沿的堑壕；白天我们反击得手。就这样持续了三天，我们满怀愤怒情绪，经过一次激烈的近距离攻击，最终将他们发起进攻的一小块森林纳入我们的手中。黎明时分，当整个战局开始看起来比以往任何时候都更加岌岌可危时，出色的多管火箭炮（DO-Geräte，别称为 Nebelwerfer）来帮助我们了。我们坐在另一边，控制着这片布满车辙的森林，世界上没有任何力量能够将我们从这里逐出！

我们已经在这里坐了一个星期了；一辆焚毁的苏军坦克被用来构建我们的观察阵地，森林里到处都是我们最现代化的武器。红军每天都会逼近几次，但结果都是头破血流。这处阵地非常理想，几乎不可能被占领。苏军似乎也明白这一点，在接下来的几天几夜里，几乎没有来困扰我们。然而，这看来有点不对劲，因为我个人对这种平静持怀疑态度。

我们的领导层似乎也不太相信这种平静，因为我们的声音定位设备和监视哨都增加了一倍。又过了两天，这里的每个人都知道红军正在针对我们计划一些邪恶的行动。第三天，这一点变得显而易见，就在第四天，整个战斗阵地，包括我们重要的观察所都遭到了苏军坦克的炮轰。

我想详细讲述这一切是如何进行的，以及如何向军里报告的：

6月30日：我们的阵地前出现一名苏联军官，他显然是在仔细查看我们的坦克，还拍了照片。

7月6日至7日：敌人面向我们的战壕的护坡道明显在全线扩大。

7月7日：一名逃兵透露，苏军正朝着我们的阵地挖掘一条坑道，距离完工仅有20米了。

7月12日：在距离我们已方的带刺铁丝网屏障15米处，发现一根金属柱探出地面。与此同时，苏军正在战壕里判断我们的坦克位置。根据这些初步观察，我们认为苏军可能正在用他们的坑道向我们的坦克推进。因此，我们挖掘了一道3米深的庇护壕，并配备了声音定位器。根据苏军逃兵7月10日的证词，我们尝试用9枚重型T型地雷（T.Mi.Z.35）来实施反爆破反击，尽管在10米沿线执行了这次反击，但没有取得任何成果。对弹坑的检查没有获得任何坑道存在的证据，又进行了三次反爆破，同样没有任何结果，第4次反爆破准备在7月14日傍晚进行。我们的火炮和重型武器惹人注目地沿着前线部署。作为预防措施，我们布置了"西班牙骑手"（spanische reiter，用开锋的 X 形尖杆绑在一起形成的屏障）和 S 滚轴（S-Rollen，一种特殊规格的带刺铁丝网）。

我们坐在这里，等候随时可能袭来的浩劫，这种感觉糟透了。放弃这处阵地是不可能的，因此，是时候写下你的遗嘱，带着焦灼的神经等待火山爆发了。多么可怕的局面！几小时变成几分钟，几分钟又变成几小时；时间在慢慢流逝。这让我们抓狂！我感觉自己快要失控到尖叫、发怒、咆哮了。这种情况下，下流的笑话和咒骂都无济于事，战友们只是凝视着虚无，麻木而紧张，同时等待着灾难降临。

7月14日： 19时，我方坦克阵线右前方大约25到30步处突然发生了爆炸。片刻之后，在同一地点发生了第二次更大的爆炸，紧接着在距离我方装甲部队大约80步的地方又发生了两次爆炸。正在现场的营长和几名士兵被爆炸的冲击波掀翻在地，前沿战壕里的部队被活埋了。然而，支撑壕并没有塌陷，爆炸产生的主要压力没有对前线造成太大破坏。除了几处划伤之外，它对我和我的部下也没有造成任何伤害。

随着突如其来的炮火，一支突击部队试图突破我们的阵地。手榴弹和卡宾枪将一切都搞得天翻地覆，我们的轻、重机枪都被埋在坍塌的战壕下面了，无法发挥作用，在近战中也派不上用场。

当这一切发生的时候，我们甚至还抓到了几名俘虏，在之后的审讯中他们会供出些有趣的事情。除了10多人负伤和3人阵亡外，这次我们仅受到了轻微打击。固定阵地战变成了爆破战！我们做到了！我现在唯一缺少的东西就是燃料。

我们从这次进攻中还发现了以下几点：隧道的起点位于我们阵地对面的一条战壕里。为挖掘这条隧道，他们投入了大量工程部队，14日，这条地道长170米。在隧道里，一次可让20人进行挖掘，而这项工作本身是用一个辣根切割器形状的挖土器完成的。由于黏土柔软，他们能够在几乎完全无声的状态下完成这项工作。根据俘虏的描述，在隧道尽头的爆破室里，有一枚1000千克重的炸弹，于14日引爆。这起事件可以被视为红军最灵活的战斗方式之一，在这场异常残酷的战役中，红军几乎没有一天不靠这样或那样魔鬼般的计划给我们造成损失。

以下只是这种情况的一小部分：

有线气球和白磷手榴弹已经不是什么新鲜事了，因为我们去年冬天已经见识过它们了，还有大约50种不同的地雷。另一方面，还有地雷陷阱。极为灵活的布尔什维克夜间穿过德军的防线，在不同地点竖起了标志牌，用德文写上如下内容："注意！地雷！卡车必须靠右行驶！"公路右侧当然是埋了地雷的，卡车就会遭遇厄运。

其他例子："这是一条无地雷通道！"标志牌就放在雷区中间，或者在地雷密集的弹坑里，你会看到一张纸板标志牌，上面写着："手榴弹壳收集站——'记住，战友，大后方需要原材料，以便为你提供新的手榴弹！'"许多一板一眼的步兵在得到上峰的警告之前，就沦为这种恶意圈套的受害者。

几天前，游击队在一条补给公路上设置了诱杀饵雷，这枚新的苏联地雷的形状是一个有红十字标记的急救箱，当这个急救箱被拿起时就被引爆了，卡车司机因此丧生。除了人们已经熟悉的装有敏感炸药的自动铅笔和钢笔之外，苏联红军现在还投放类似德军急救包的小型急救包，当绷带被揭开时，一根高度敏感的雷管会爆炸，导致腹部和面部大面积受伤。

根据一名逃兵（军官）的说法，苏联空军拥有以下武器：

——烟盒：打开就会引爆。

——怀表：当有人试图给怀表上发条时，就会爆炸。

——灰色蛙：当压力施加在看起来很自然的蛙体上时，就会发生爆炸。

在小阿尔汉格尔斯克（Maloarkhangelsk），沿着补给公路，有人捡到了写着德语地址和寄件人信息的100克装野战邮包。触碰这些邮包时，它们就会爆炸，造成严重烧伤。在同一地区，人们还发现了一些椭圆形的小锡罐，上面贴有德语标签"治疗蚊虫叮咬油膏"，有着非常危险的爆炸效果。诸如此类……然而，在德罗斯科沃（Droskovo）附近艰难的夜晚，另一件奇妙的事情也引起了极大的混乱。

听好！官方消息源证实了以下消息："苏军声响手榴弹。"这种手榴弹在离地几米的空中爆炸，引爆后，声音可以持续10秒，与撞击声非常相似。造成这种声音的原因无法解释，尽管对撞击地点进行了彻底调查，但没有发现任何迹象可以解释是什么产生了这样的噪音。

我可以列举十几个类似的例子。它们总是相同的！在以这种方式作战方面，布尔什维克远比我们优秀。这是一种能力的优越性，也是一种危险的优越性！

7月： 逃兵和战俘都说，另一边的苏军正在进行地下作战的全面准备。红军希望通过这种方式占领我方有利的坑道阵地，斯大林的相应命令已经发出。

地下作战！在孚日山脉（Vosges，法国东南部的一片小山脉）和阿戈讷地区（Argonne，第一次世界大战期间德法两国爆发激战的地点），经历过第一次世界大战战斗的人都非常清楚，这种战斗方式让每个人都备受折磨。我们现在日夜躺在掩体的最深处聆听动静。

4周前，我们就这样躺在自己的坑洞和短壕里，耳朵紧贴着潮湿的地面，倾听镐头和铲子挖掘时发出的闷响。为了平复我们怦怦直跳的心和焦虑不安的神经，我们一次次告诉自己：只要有声音，就没有危险。在这些时间里，这是多么可怜的安慰啊！但是随后，当装着爆炸物的箱子被安装在完工的坑道顶部时，我们听见了窸窸窣窣的声音。我们知道越来越危险了，如果下面安静下来，那就是时候了——药室已经塞满了，随时都可能发生巨大的毁灭性爆炸。

整整几个小时甚至几天的时间里，我们就像躺在1000千克的炸药上一样，直到7月14日傍晚，被引爆的炸药将我们的阵地结构炸得支离破碎，仍在冒烟的几个弹坑周围的战斗开始了。

直到今天，我们也不知道红军是在什么地方抑或是否真的在挖地道，正是这种不确定性才是最要命的。我们一次又一次将头贴着地面倾听！我们都快将彼此逼疯了，每个人都声称在地上听见可疑的噪音。这里就像疯人院，因为很难让我们的人恢复理智。

然而，我知道，即使另一方最微小的准备工作也很快会被我们的领导层探知，正是这种信任让我和我的部下放松下来，因为在战壕里没有什么比毅力和冷血更有感染力了。

然后，另一件事振奋了我们的精神，甚至将最消沉的悲观主义者变成了笑容满面的乐观主义者——新的休假规定！我希望能在8月初见到我的妻子和孩子。然而，在获悉此事的喜悦之余，突然有一种巨大的恐惧感落到我身上。上帝知道，我们这些曾与死亡和魔鬼战斗过的人，害怕在休假之前会被一枚金属片击中，这将会把圣洁的天伦之乐画面撕成碎片。突然之间，我们在战斗中变得谨慎起来；狂轰滥炸时的顽强不屈不见了。我们不再是无情的前线猪，我们是身穿军服的平民。上帝知道，我和别人都一样！

休假——将会是多久？我们是否能够应对国内的内忧外患？千头万绪在我可怜的头脑中翻腾。该死的！如果假期快点到来就好了！

我每晚执行夜间侦察任务时都会抓到俘虏。我们最感兴趣的是去了解敌人的炸弹准备工作。根据被俘者的陈述，那边的"地鼠"正在夜以继日地工作。尽管我们对俘虏采取了各种严厉措施，但他们还是不会——或者说不愿说出地道的位置。

4个俘虏都众口一词：这应该是他们的首次实质性行动，预计两个月内不会发生爆炸。（这些家伙是对的，到了10月5日，我们北面200米处的一个区域才被炸毁。）

多日以来，麻烦一直悬而未决。没有人再想休假或者类似的好事了——我们只是没有时间去想那个。今天黎明时分，本周的第14次苏军坦克攻击开始了。现在到了傍晚，这次坦克进攻终于被击退了。我们用坦克和反坦克炮向他们逼近，一路突破他们的防线，到达一小片森林。这次非常困难，但我们做到了，叼着烟斗猛嗍一口就是对我们的犒劳。

在前线，步兵正在进行顽强苦战。在路对面的一座小山上，一辆大型坦克的残骸就在那里，地面都被炮弹翻过十几次，烧焦的树桩在阳光明媚的天空下显得格外凄凉，此处仿佛是人间炼狱。我们的迫击炮将红色的闪光照明燃烧弹发射到山脊上，形成了一道浓厚烟幕。由于红军的坦克被压制，他们现在派出了轰炸机和对地攻击机干扰地面作战。我们的机枪"砰砰"作响，我们的手榴弹在飞向敌人的时候发出"嘶嘶"怒吼。飞机发动机的嗡嗡声和机载武器的哒哒声混合在一起，形成了炼狱般的噪音，充斥在天地之间。

喧嚣中突然出现了一种奇怪的音调，这种声音让我们竖起了耳朵，使我们的感官高度紧张：敌人的炮击！炮弹四处落下，而那些随后横飞而来的弹片带着最后的残酷咆哮声从天而降，飞溅到战壕里用于掩护的木板上。

红军今天打得很差。他们必然也知道这一点，因为在第四轮炮弹射击后，战场上一片寂静。前线也变得越发安静。我对此深有体会，在一小时内，前线一片宁静，但当夜幕降临，次日清晨来临，当那些人再度和他们的坦克出动时，才会再度全力爆发战斗。顺带一提，我想休假。今晚我无法离开这里，这让我热泪盈眶。去休假，尤其是在现在看来，显得如此遥不可及！

8月10日： 我正坐在回国的火车上，列车颠簸而行，慢得像蜗牛。这几乎令人难以置信，尽管如此，我还是坐在了一列坚固的德国制造的客运列车上了。每经过一根电线杆，都让我离再次见到我亲爱的萝泽尔和小女儿更近了一点儿，幸好旅途漫长，因为我很难将最后几个小时在前线的经历抛诸脑后。此次从战场逃脱异常艰难，当时我的两名部下阵亡了，炮车被焚毁了，我所有的装备都丢了。

最好的办法就是去睡觉，在睡眠中忘却一切。或许睡觉也会带来好梦，预示着我即将迎来幸福的日子。我真是幸运！我两眼含泪——此时此刻真是令人难以置信！谁能理解我内心的想法呢？！一个幸运的人不该悲伤！

9月6日： 我归队了！十七天充满阳光和幸福的日子转瞬即逝，仿佛一场遥远的梦。这次休假是一次非常棒的经历。我满怀感激，想起了我的爱人，必须感谢她给予了我无数个无忧无虑的幸福时光。难忘的还有我和小埃丽卡共度的时光。一切，真的是一切，都充满了和谐与阳光。我为即将到来的艰苦冬季储存了许多美好、舒适的思绪和记忆。在家的时候，我得到许多新的能量和乐观情绪。一切再度有了意义，珍惜这样的东西，为之奋斗，这是值得的。是的，确实值得！

"该死！"一个巴伐利亚人在我身后喊道。他就说了这么一个词，现在是一片死寂。哦，外面的风真大。白垩粉和灰泥的灰尘像面粉一样从上空持续燃烧的大火中落在我们身上，古老的石头天花板，请坚持住，不要让我们失望！

命令本应于今天下午去团部领取。我志愿跑这一趟是因为我再也无法忍受令人窒息的缺氧空气，也无法忍受骨头僵硬和四肢麻木的折磨。多么美妙的新鲜空气啊！雨停了，街道上弥漫着潮湿的雾霾，灰暗而凄凉的废墟格外显眼。射击渐渐平息，只是偶尔会有整排子弹从高楼上空掠过。呜呜作响的122毫米炮弹伴着一声闷响爆炸了。这条街只不过是一个泥坑罢了，由于堆积如山的瓦砾将排水沟都填埋了，所以每走一步都会溅起厚厚的泥浆。太阳出来了，但是我无暇享受阳光，因为此刻轰炸又全面开始了。炮火像阵雨一般在废墟上肆虐。这该死的淤泥让我无法跑步。我不得不穿过后院，那里更糟糕。亲爱的上帝，我希望你别让我绊倒，别让我掉进这堆粪肥里。尸体散发出的恶臭味直透我的鼻子，让我无法呼吸足够的新鲜空气。我在黏稠的淤泥中滑行，似乎永无止境，头顶上传来了飞机的声音，周围都是炸弹的落地声，有许多哑弹陷进了泥里，旁边有一架红军飞机闪光的残骸，灰绿色机翼上是精心绘制的苏联红星。

该死，我应当已经在那里了！这里有一条大街，但它已经不再是一条街道了，被连续不断的轰炸毁了。我的地图上仍然标记着成排的房子，早就被炮弹夷为平地了。继续往前走，应该是莫洛托夫广场（Molotov-Platz）的所在地，那里显然有迫击炮在射击，人们可以听见仿佛一群疯狗咆哮般的炮声。零星射击在近距离呼啸而过，发出沉闷的嗖嗖声。

没用。我像只猴子一样汗流浃背，膝盖发软，需要抽根烟休息片刻。密集的重炮炮弹从我的头上掠过，朝"红色工厂"（Rote Fabrik）飞去。弹着点不算太远，虽然没有远到听不见爆炸的轰鸣，但也没近到能看到落点。烟雾笼罩着一片被撕裂的橡树，一棵巨大的树干被炸成碎片后四处飞散。有一枚哑弹，我就从那里蹲下，紧靠着一堵墙。路的另一边有更多的弹坑，浓烟袅袅飘向空中，一块块泥土被抛得到处都是。又一枚炮弹爆炸，发出一声巨响，灰白色的烟雾和刺眼的闪光充斥着整条街道。我凝视着这恐怖的一幕，仿佛着了魔。

然后，突然之间一枚火红的炮弹没入泥泞时发出了嘶嘶声，我没有意识到自己用手捂住了嘴。一声轰鸣响彻云霄，我的天，炮弹太大了！我勉强到达一座部分坍塌的地下室，冲击波就传了过来。隆隆的震动穿透地面，一直传到我所在的地方。一开始只是抽根烟休息，现在变成了长时间的畏惧和恐怖。

今天是星期天，也是一个晴天。经历了寒冷多雨的日子以后，从昨天起，终于有了五月的感觉。沃罗涅日这座大城市废墟上空湛蓝而宁静，我一路爬到火药厂巨大废墟的顶部，现在正蹲在熔化后弯曲的天花板钢梁中间。这里的视野非常开阔，整座城市的三分之一都尽收眼底。沃罗涅日河，这条古老的河流从那里淌过，河床宽阔泥泞，几个星期以来一直都是对我方有利的防线，也是阻挡红军前进的上佳屏障。

在8月的日子里，人们可以放松警惕，甚至连指挥官也不例外。我们对古老的沃罗涅日河泥流的信任已经称得上是极其鲁莽了。夜复一夜，我们注意到苏军已经开始堆垒大量石头。一条又一条情报被送到了师里。空中侦察报告，苏军坦克已经在莫纳斯特尔申卡（Monastyrshchenka）集

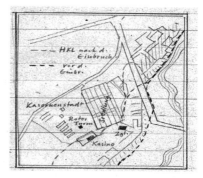

▲ 汉斯·罗特的一幅素描，画的是沃罗涅日市中心，包括德军的主防线和前沿阵地。

结。除了几发炮弹之外，我们丝毫没有采取任何措施来防范这场灾难的侵袭。在一个晴朗的日子里，横跨沃罗涅日河的石坝终于完工了。多条情报被发送到指挥部。他们的回答如下："让坦克靠近，这样就会更容易干掉它们。"原谅我无法详细讲述我们如何干掉他们坦克的细节。

9月16日：苏军已经控制了沃罗涅日南部的东面坡地。与此同时，我们失去了"赌场"和"砖厂"这两个重要的防御堡垒，这两个地方让敌人能够对整个腹地一览无余，他们甚至能够看到远处的顿河，还有顿河的山丘和补给公路。别人已经告知我反击是何其失败和血腥，数以百计的武器长达一周的轰炸是如何无效。

从那时起，红军一直都坐在"赌场"里——那是一个巨大的瓦砾堆，地下室很深很安全。他们还一直坐在"砖厂"的烤炉里，那是我们的"斯图卡"轰炸机无法轻易摧毁的。在阳光下，所有这一切看上去就像是一块被烧焦的黄褐色废墟，毫无伤害。

放眼望去，北面和西面是一片被炸毁的房屋组成的海洋——除了一片巨大的废墟什么都没有。烟雾从那里的一片灰色阴影中升起。那里还有新的射击火力造成的白色和黄色云雾，与引燃和行将熄灭的火焰产生的紫色和灰色烟雾混合在一起。高耸入云、居高临下威胁这大片废墟的是共产党的纪念碑和混凝土堡垒，也就是苏联的城堡。它们被加固设防，这些建筑物中的每一座都经历过激战；每一座

都有自己血腥的历史。凡是在沃罗涅日战斗过的人，都将永远铭记为争夺一幢幢房屋而进行的一场特别的血战，即"医院行动"。

这里有"红场"，有苏联政府大厦；在它的正面，你仍然可以看到一排被撕破的小红旗。然后是监狱，是一座围墙1米多厚的巨大建筑物，即便我们最重的炮也只能让其轻微擦伤。这座建筑物的一侧在布尔什维克撤退前的最后一刻被炸毁。根据气味判断，废墟下一定掩埋着一大堆尸体。北部和西北部是这座城的工业区。人们会看到一座又一座工厂、高炉和钢铁厂，一直没入地平线。"共产国际"（Komintern）工程公司过去有1万名工人，现在只不过是一堆废铁和砖块。然后是雇用了1.5万名工人的工厂和每月制造100到120辆机车的"德辛斯基"（Dershinsky）工厂。再向西，矗立着巨大的被烧毁的飞机库，黑色骨架令人心酸。旁边是飞机工厂，正如你能想象的那样，这些工厂规模巨大，尤其是你读到4万人曾在那里工作时。我可以继续说下去……

南面是笔直的方形营房区，由于不断的猛烈射击形成的烟雾一直笼罩在这些水泥宿营区上方，此刻还无法看见。还有"红塔"，有一部分被火药产生的土黄色烟雾覆盖了。到处都是废墟，废墟越来越多！这座曾经繁荣的城市有45万居民，现在已是一座被恐怖和死亡统治的死城。然而，尽管付出了巨大的牺牲，占领这座城市，然后不惜以更多的人员伤亡为代价去保卫它，依然是值得的。这是战线的基点和支柱，必须用于掩护南路各集团军的部署和进攻。特别是占领此地是攻打斯大林格勒和高加索地区的战役取得成功的先决条件。斯大林深知这一点，他正在部署一个又一个步兵师和坦克旅。他的目标是突破这道牵制性战线。到目前为止，我们还能够承受他的巨大压力，无论如何，我们都将继续这样坚持下去！

电线杆上挂着缠结的电缆。成群的苍蝇在随处可见的死马尸体上嗡嗡乱飞。人们可以写多卷本苍蝇瘟疫主题的书，这些闪亮的蓝绿色害虫。尸体散发出的刺鼻恶臭无情地侵袭着我们的感官，但我们的鼻子和眼睛已经习惯了这首来自鬼城的交响乐。然而，有一件事我们无法习惯，那就是恶心的苍蝇。它们被瓦砾下腐烂的尸体所吸引，成群结队地飞来飞去，数不胜数。鸟儿也在战场上空盘旋；成千上万只乌鸦在废墟和死亡之地上空尖叫。当它们看到恐怖的死亡来袭时，一次又一次地俯冲入废墟深处。

　　我们的小分队累得汗流浃背，沿着沃罗涅日最壮丽的大道之一革命大道（Revolution Prospkt Boulevard）上坑坑洼洼的柏油路上蹒跚而行。这里矗立着沙皇时代的宫殿式建筑物，一旁是犹太—布尔什维克时代的混凝土建筑——或许说曾经矗立过更合适。透过被烧毁的窗户，可以看到被无谓破坏的恐怖景象。

　　我们内心焦灼，外表颓废。曾经有一段时间，战斗之后会迎来几个小时的宁静。那段时间已经结束了，太阳、月亮和熊熊烈火共同照亮了这场毁灭和屠戮。有时，你只能有什么吃什么，携带弹药，或者在弹坑里休息片刻。我们的脸变得黝黑而憔悴，这些天，我们的脸瘦削干瘪，人们单从面色上就可以看出我们干着24小时无休的苦差事。我们的眼睛因为烟雾和夜间放哨而变得红肿，但我们的牙齿却因为啃硬面包而变白了。我无法想象你能够以比这更艰难的方式赚取日常所需的面包。

　　我们再度在桥头堡的坚实部分，即"南方定居点"就位。天空灰蒙蒙的，乌云密布，大地已被狠狠翻腾得千疮百孔，血流成河。混乱的阵地构筑系统盘旋着上山，步兵的散兵坑、弹坑和带刺铁丝网将这片土地撕扯得丑陋、狰狞。

　　我们血腥的"定居点"就被拴在了对抗突破点的位置上！一个月以来，它一直都处在巨大的毁灭之锤下。苏军承受了无数伤亡，奋力将他们的道路开辟到与我们吼叫可闻的距离里。许多精锐营流血至死，只为赢得几米的推进距离。整个中队的布尔什维克坦克都被烧毁了。仅在7月10日到8月24日的短时间内，我军就摧毁了978辆敌军坦克。苏军的目标是夺取最后50米进度，到达"定居点"较高海拔废墟，但这一目标已无法实现。

　　我在索苏亚（Sossua）与部队会合。自从冬季以来，我一直往返于哈尔科夫和勒热夫（Rzhev）之间——总是正好在情况最糟糕的地方。与此同时，我们这支"吉卜赛部队"已经被部署在沃罗涅日附近，无畏地坚守自己的阵地，现在正在等候新命令。虽然失去了几个战友，但总的来说，一切都还在继续。多么不可思议的奇迹！

　　今天接到命令，要求我们在索苏亚这里安顿。据说这片可怜的居舍会被改建得适合过冬，真是令人难以置信——难道我们这些被无情追击的可怜虫就不该偶尔享受一些安宁吗？！但是谁提到过"保护伞理论"（Regenschirm-Theorie 即阴谋论）？带着极大的勤奋和耐心，我们开始在自己的居舍工作。零零散散还有一些需要改进的地方，不过总的来说，我们的冬季宿营掩蔽部已经完工了。

　　现在当然是我们接到进军命令的时候了。事实上，和往常一样，命令一如既往地准时到达。一个风和日丽的下午，一个激动的传令兵跑了过来："大家都准备好，两小时后全师就要出发了！"再会了"杰基斯（Jaizis）"和"莫洛卡（Moloka）"！本来在此处过冬会很美好，但事与愿违。根据命令准时出发，发动机都嗡嗡奏响了它们的告别曲，然后我们朝着沃罗涅日的方向出发了。

　　我们在快速前行！酷热就像熔化的铅一般向我们袭来。在沃罗涅日城内的战况又一次不妙的时候，我们奉命强行军，说得好像那里的情况有所改善过似的。我们准备忽略一路上的所有问题、所有酷热和灰尘。我们面前还有几百千米的路程，沃罗涅日附近需要我们，急需。我们周围是一片荒凉的不毛之地，从地平线这头到另一头，都是一片平坦、荒凉、一成不变的平原。还有灰尘，炽热的灰尘，最炽热的灰尘！当我们沿着公路行进时，就会被无边无际的白黄色云雾笼罩，有时数百米内都无法看见东西；以至于人们都步履蹒跚，步兵们像往常一样盲目、顽强、勇敢地向前行进，阳光照耀着一片无影的原野，而气温每天都攀升到（华氏）110度。

　　我们离沃罗涅日越近，这片土地就显得越荒凉。不久之前，这里还发生过一场激烈的血战。贫瘠的田野和平原一直延伸到视线的尽头，这些公路只不过是一片没有树木的荒地上尘土飞扬的宽阔小路。它们有一种东方的感觉，蒙古商队的行商道路肯定与之相似。它们就像河流一样蜿蜒曲折，这些都是沙尘流，流得宽阔，分成许多支流，然后分开奔流，再度分成更多支流，而其他小径就像溪流一样重新汇入主流。

　　然后突然间，公路变窄了；一座桥，一些长满草的沼泽地，我们不得不开车穿过，这将所有的尘土支流压缩成了一条狭窄的单行道。我们一穿过这片障碍，公路就再度变宽阔，轻松进入许多支流。路面被无数卡车压实了，坑坑洼洼，灰白色中夹杂着一点深灰色，就像大象的皮肤。

　　距离沃罗涅日还有30千米；一定是从那儿升起的巨大黑烟。短暂的休息期间，我们听到了隆隆的枪炮声，风把枪声带到了我们这里，伴随着东线迄今为止最激烈的战斗。无尽的弹药车队从我们身边经过；从前线开来一辆又一辆救护车，在引擎盖上，一面印有红十字的白色大旗在空中飘扬——车里被塞得满满当当！我们的面色严峻，我们知道，对我们中的一些人来说，接下来的日子将是命运的终结。

离沃罗涅日还有20千米！我们现在看到的是漫长的赤贫队列，城里的最后一批撤离人员——妇女、儿童、老人、病人和残疾人——在通往南方的沙土路两侧拖着脚步慢吞吞前行。他们随身带满了从废墟里捞出的剩余财物。我们驱车数千米才经过了这些悲伤的画面。

突然间，空中响起了枪炮声，高射炮造成的小团云雾飘浮在空中。我们以迅雷不及掩耳之势躲进松树下隐蔽。一队队悲惨的难民坚韧而平静地继续从我们身边走过，他们疲惫不堪，在炎热的沙地里艰难前行。然后，猛然间，一声尖锐的呼啸，一声可怕的呼号，六七架低空飞行的苏军攻击机从他们头顶掠过，投落炸弹，用机载武器向无助的人群开火。

无法用言语来形容这些恐怖血洗。我们只能对少数人实施急救，因为我们必须继续前进，必须向前线进发，那里正飘着黑如墨水的烟云，我们已经能看见闪耀的火焰了。

沃罗涅日

我们就坐在一座巨大的四层楼营房的废墟里。透过破碎的窗户，穿过弯曲和熔化的铁梁，穿过仿佛遍布月坑的院子，我们可以看到前方一直延伸到"红塔"

▲ 沃罗涅日战役期间的德军路障。
（照片由www.wwii-photos-maps.com提供 ）

▲ 燃烧中的苏军坦克。
（照片由www.wwii-photos-maps.com提供 ）

◀ 沃罗涅日附近典型的堑壕战场景，图中德国士兵在用
炮队镜观察敌人的动向。
（照片由www.wwii-photos-maps.com提供 ）

▼ 在沃罗涅日前线。
（照片由www.wwii-photos-maps.com提供 ）

的地方。

　　就在几周前，在大规模的"赌场攻势"以前，这是我们最爱的观察所。如今，废墟上空无一人，没有人敢冒险攀登。最后8个敢这么做的人，每个人都把之前尝试过的阵亡或负伤的战友带了下来，直到没有人再回来的那一刻，所有人都在高处找到了自己的坟墓。

　　营房尽头的塔楼右边是"赌场"，任何在沃罗涅日战斗过的人都知道这个说法，在这里和东北几百米的"砖厂"里是苏军，这两个要点控制着整个战区。他们正在顽强防守，这里一定已有成千上万人流血而死。在长达6天的时间里，轰炸接踵而至，规模之大前所未有，整整几个小时那里硝烟弥漫，火光冲天。什么都没了！但他们不会动摇。

　　经过又一周的炮击和轰炸火力准备，我们开始用坦克和突击炮进行反

▲ 德军为从苏军手中夺取沃罗涅日，激战后的景象。
（照片由www.wwii-photos-maps.com提供 ）

击。我们告诉自己，在经历了这场难以置信的、前所未见的所有重型武器投入的火力准备后，哪怕一只老鼠也无法在废墟中幸存。

没什么好说的。进攻当晚，除了少数留守人员之外，我师全军覆没。人员、武器和坦克都损失惨重，整个行动没有成功。第二天，我们竟然能够顶住红军的巨大压力。尽管如此，他们还是能够将我们逼回到10月20日的阵地，并让我们减员很多。苏军部队得到了斯大林火箭炮的全力支援，今晚是争夺这座浴血城市最关键战斗的开始。

意料中的苏军全线进攻持续了5个漫长的昼夜，直到昨晚才结束。我们拼命顽强地守住了每一米冒烟的瓦砾场，虽然损失极大，但我们再次抵挡住了疯狂的进攻，哪怕不惜动用我们最后的预备队。

现在这里很安静，敌友双方都躺在石头的废墟中。通过千疮百孔的墙上的一个大洞，我看到了被手榴弹击中的军用仓库区域。这一直是苏军进攻的焦点，就在昨天，最后40辆苏军坦克正在攻击这里。就在昨天，在清晨的阳光下，5辆重型坦克在一条沟壑里集结，从那里出动，突然就出现在我们的战线上，越过我们的散兵坑和壕沟前进。它们将炮口朝向地面，就像是在地底盘根错节的树干一样，将坦克炮插进我们的掩体里，直到我们将它们逼到我们的反坦克炮前方，才把它们都干掉。

当我谈起上午的几个小时里发生的事情时，心里充满悲伤，因为我们最出色的战士之一，还有他的全体炮手都不得不捐躯了。卡尔·维森多夫（Karl Wissendorf），你将永远活在我们心中，你和你的部下献出了生命，从而让我们所有人免遭毁灭，我们永远都不会忘记这一点！

发生过惨烈战斗的广阔战场上，到处都是被摧毁得支离破碎的坦克，显得格外安静和悲伤，被烧毁的车体就躺在烈日下，仿佛是在一场输掉的赌局里被扔下的骰子。它们的炮口转向空中，就在它们被摧毁的瞬间变成了这个模样，撕裂的履带和车轮就像死者的四肢那样躺在那里。其中一辆被炸得侧翻在地，就像一个无助的傻大个。

在这个弥漫着烟雾和尸体气味的场景上方，天空中银色的烟波闪闪发光，直到被风吹来的灰尘像黄色面纱一样厚为止。我身体很累，而我的内心甚至更累！

真是糟糕的一天！大雨倾盆，一股强劲的冷风吹过死寂的街道，从窗户缝吹进来。我们躲进一个被半掩埋的地下室里。这里至少还留有一个火炉，一旦燃烧起来会暖和一些。但是炉子并没烧起来，而是冒着浓烟，臭气熏天，简直要把人的肺撕裂。这个空间对我们所有人来说太小了，但是在倾盆大雨和在废墟里隆隆作响的酷烈炮火中，你不能要求任何人出去！这就是为何我们正蹲在身后那个人肮脏的双腿之间，就像沙丁鱼罐头一样挤在一起。但是现在已经无所谓了；至少在这个阴暗的地下室里，我们还能安全地待上几个小时，直到傍晚被解救出来。更糟糕的是，水开始从上面滴进了地下室！今天天气真糟透了。正是适合红军进攻的天气。

每隔一秒，厚厚的墙壁就会因为附近的沉重撞击颤抖一下。现在一定是一枚炮弹撕裂了正上方的废墟。瓦砾产生了怎样的共鸣！木梁正在开裂，泥土和石块都从天花板上掉落下来，但是它撑住了，那是旧式俄罗斯天花板！

自从那次不幸闯入"赌场"区域后，我们就开始为每一个被毁的城市街区或街道进行顽强战斗。从地下室到地下室，从瓦砾堆到瓦砾堆，在进行一场持续不断、有来有往的近战……

提到街道的名称是没有用的，它们将永远是令人难忘的勇气和深切痛苦的象征。你可能没有地图，但是如果你问那些可能回家的人，他们会有很多话要说；说起在被烧毁的工厂建筑群里、被撕裂的铁轨上和被烧毁的煤气罐的金属梯子之间的恐怖时刻。

在这些黑暗的夜晚，红军突袭我们的岗哨，无声无息间让他们倒下。我说突袭，但这个词不足以描述实际情况。他们知道无法占据我们的上风，因此他们的行动是不顾一切的。每个人都知道人类在这种局面下会做出什么事情，尤其是在他们有武器的情况下。他们会呼喊着战歌，但这吓不倒我们；他们去年也是这样做的。

▲ 沃罗涅日前线的德军105毫米榴弹炮。
（照片由www.wwii-photos-maps.com提供）

　　这些天我们用迫击炮、反坦克炮弹和多管火箭炮射击。迫击炮弹从一所房子进入另一所房子的院落时，弹道角度有时几乎为零。我们占领了5栋房子的废墟，然后只是为了战斗放弃了2栋，接着又夺回了5栋。通常数字都是不同的，我想你可能说存在一些多样性。

　　夜晚是唯一保持原样的时间段，有烟火、燃烧的房屋、飞溅的火花和美丽的星空。但天气已经寒意森森，人们会尽量靠近燃烧的建筑物取暖，尽管他们一直都意识到墙壁可能会在他们的夜间住所轰然倒塌。

　　然后是夜晚的各种声音：跳弹的叮当声、重型地雷的隆隆声、火力攻击的粉碎性打击声，以及苏联火箭炮长达1分钟的地狱般的奏乐声。在这一切之上，是闪烁的星空，这是我见过的最美的星空。但是它温和的平静突然被苏军轰炸机的照明弹打破了。从现在起，天空中每一秒钟都有这些人造星闪耀。这些星星闪烁着寒冷的银光，忽明忽暗。它们的镁光不同于我们在其中寻找温暖的、来自燃烧废墟中的暖红色。

　　炸弹打击发出沉闷、破碎的声音，发光的弹片雨点般压倒了我们。我们被压得紧贴地面，躺在碎石堆后面或者弹坑里。有些人再也站不起来了；燃烧的木头余烬也无法让他们的尸体不再僵硬。

　　这些令人不安的画面将永远成为沃罗涅日废墟记忆的一部分：这些人的面色变得苍老而灰暗，就像极度劳累、失眠和无尽恐怖带来的沉重阴影，以及紧张的期待和总是会重燃的战斗，都刻画在了他们的五官上。

　　在这片土地上，我们无一幸免：夏季的战斗在瓢泼大雨中开始，雨水将我们的坑洞都灌满了泥水，淤泥贪婪地附着在我们的每一步上，给我们的军服糊上了一层厚厚的泥甲。7月，烈日炎炎，尘土飞扬；现在，秋雨绵绵，潮湿的天气席卷了野外的战壕和弹坑，但是不久会再度被无情的俄罗斯冬天的冰雪取代。

　　面对苏联战事的第二年，我们不再像过去那样精力充沛而天真了。这些昔日心怀理想主义的敢死队员变成了情绪低落、无情疲惫的堑壕战士兵，变成了没有幽默感的粗汉。我们易怒，用最尖锐的批评眼光看待周围的一切。战争的长期持续带来了许多变化，我的战友们对此的反应是冷嘲热讽，而我则有点悲伤。我不是路德维希·雷恩（Ludwig Renn，德国小说家和纳粹的反对者）或埃里希·马里亚·雷马克（Erich Maria Remarque，德国反战小说家），因此，我不再说这些了！

　　然而总有一件事让我们继续前进：知道家里人对我们这些前线游民的爱。全国的目光都聚焦在我们身上，整个德国都为我们骄傲。真的吗，整个德国？好吧，除了那些家伙，他们不配被称为德国人！

　　前线的所有士兵都有截然不同的命运。有的士兵很幸运，他所在的部队被部署于大型攻势作战，尽管战斗可能很艰难，但是他的参与却能收获不断变化的事件和新的体验。他的收获还包括，他知道国内所有人都在通过地图和收听德国国防军最高统帅部的广播报道，兴奋地关注着战事的进程。

　　困难得多也更加令人疲劳的是我们这种战争，也就是前线猪经历的这种战争，其命运目前正使得他们陷入激烈的防御战。当然，防御战在军队的报告中只被简要提及。我们前线的战绩并没有为战地记者提供丰富多彩的报道。这是一场苦战，日日夜夜的激战接踵而至。在这里，你无法体验那些伟大的时刻，而这些时刻甚至可以弥补攻势中最艰难的时刻。我们心怀愤懑，为每一米空间而战：尉官、士官和士兵都躺在肮脏的散兵坑里，或者如果幸运的话，躺在掩体里；一连几天，有时一连几周，我们都不得不忍受敌人的炮火。敌人的每次进攻都会跟着另一次进攻；我们不得不一再发动反击。

　　当英雄主义这个词被使用时，它应该是指数以千计默默无闻的堑壕战士取得的成就，他们在过去几个月的防御战中取得了成功。

　　前几天，一位高级军官对我说："你应该知道，你们士兵的成就将会用大写字母写在1942年德国军人不朽的伟大事迹簿的第一页上，即使报纸对这些成就的报道比其他战线的明显战果要少。"我们感谢您的美言。

　　天空下着小雪，寒风凛冽，冰冷的雪水打在我们的脸上。所有人都目不转睛地盯着前方，因为那里随时都有可能发生意外。天一亮，我们就一直在等待苏军进攻。成千上万的人都在等待，等待……不安、紧张的双手在检查防毒面具罐上的钩子，将手榴弹从散兵坑的右侧放到左侧，然后又放回原处，为防御做准备，我们正在做着无数没有意义或目的的事情。

　　我们的炮兵战友正站在他们的火炮边上，等待着……不耐烦的手转动着利贝尔（Lom-57 Libelled 侦察滑翔机）上抹了油的螺丝。可恶的是，前方远处矗立着重型榴弹炮，这里又到处都是炮弹。火箭炮正在一次又一次地检查引信，因为它们的驱逐式齐射应该能粉碎苏军的进攻。一切都必须正常运转，以免让苏军的优势兵力压倒我们，占领这座死城的更多地区。

我们蜷缩在散兵坑里，冻得瑟瑟发抖……虽然让我们的牙齿打战的不仅仅是寒冷！一千名灰头土脸的士兵面朝前方。防御的成功取决于少数人的上佳眼力，这些前进阵地的观察员，必须透过雪幕凝视，及时发现危险……

积雪越来越厚。一名传令兵穿过一米宽的泥坑走了过来。师里来了命令！"一旦敌人发起进攻，我方步兵将立即反击将其击退。反坦克炮手将支援反击，并压制敌军坦克部队的进攻。"脏纸上的电文是这样写的，这意味着我们必须避开敌人的火力，才能进入重炮的射击盲区。

我们冻得眼里噙着泪水，凝视着飘雪，等待着……

然后，突然间，一股巨大的撞击力让地面都爆开了，苏军的毁灭性射击开始了。他们的大炮向我们发射炮弹，反坦克炮从街对面的房子里射击；坦克从两侧开火；飞行中队在向我们投掷炸弹，间歇性地引爆迫击炮产生猛烈冲击。

风暴！风暴穿过地狱！那是地狱、噪音和喧嚣，各种口径的炮弹不断爆炸，子弹在空中嘶嘶作响的呼啸声，弹片的飞溅，爆裂的土地上泥土飞扬，不断震动的地面，刺鼻恶臭的火药烟雾，还有我方迫击炮猛烈而快速的轰击声。

我们必须穿过这场炼狱；步兵就在我们前面猛冲。他们必须时刻保持勤勉刻苦，必须保持勇敢、坚毅、顽强和冷血，自己会在下一分钟死去或负伤这种思绪在脑海中分秒都不能停留。

步兵战斗的噪音：机枪射击的咔嗒声、卡宾枪的射击声、轻型步兵炮无情的炮火爆裂声——所有这些听起来都像是这场雷鸣般的战争音乐会中小短笛的鸣奏。然而，这些轻武器和使用它们的人将决定此战的胜负。

经过一个小时的血腥近战，红军的进攻被击退。红色的暴风突击队员都完了，他们筋疲力尽，俘虏们面色惊恐，脚步蹒跚地向我们走来。但是重型武器的威力丝毫未减，他们的大炮正在设法撕开缺口，以发动第二次或第三次进攻。

多日以来都是酷寒天气。今天，水银柱显示零下25摄氏度；厚重的白色积雪抹去了巨大废墟的尖锐轮廓。但是各种口径的炮弹的新冲击总是会撕裂美丽的白色积雪，留下可怕的黑色和红色污渍。现在，一段艰难的时期又开始了；只有上帝知道未来几周会发生什么。苏军轰炸机发射的照明弹突然打破了这一平静。从这一刻起，天空中的每一秒都有这些人造星星在闪烁。

整个沃罗涅日地区都出奇地安静。有人说苏军已经撤出了大批部队，以便他们在更南面进行更大规模的攻势。让我们拭目以待！我们的士兵之中流言纷纷。我们不太可能真的度过平静的几天！到目前为止，我们一直都处于困境。我相信在增援的生力军到来之前，这种状态会继续下去。

行军命令到了！在这场被上帝遗弃的战役中，我们已经收到多少命令了？我们重新站起来，然后登上货运列车，再度向北进发。48小时以来，我们没有向战壕的边缘去看，甚至都没有远眺前线被薄雪覆盖的沼泽地，那里的肮脏表面下埋着数以百计的地雷。我们也没有透过双筒望远镜观察布尔什维克，他们就在掩体和深短壕里，手持机枪。

48小时里，每当敌人让重武器的长炮筒向德军阵地射击，就仿佛要抹去犁过的泥土中生长出的一切时，我们无需在泥土里躲避、蜷缩。晚上，当黑暗被照明弹的幽光照亮，手榴弹的嘶嘶声和机枪的哒哒声突然打破寂静，几秒钟后就可能让死者增加百倍时，我们不必听苏军火箭炮的射击声。

"全连向北方转移"的命令让我们摆脱了匮乏和求生的欲望，也缓解了我们的神经、感官和肌肉承受的持续压力，来到了这列安全、暖和的货运列车上。我们一千米一千米地向北缓慢前行。去什么地方？没人知道。反正也无所谓！我们躺在温暖的稻草堆里，开始打瞌睡，直到最终进入平静、安宁的梦乡。

接下来的5天5夜，我们穿越在广阔而死寂的白色俄罗斯平原，无忧无虑、睡眠充足。然后，我们就下车了，被遗忘的是死亡之城沃罗涅日巨大的瓦砾场。我们再度回到平地，为了抵御寒冷和敌人，我们只能依靠又脏又臭的小木屋。士兵们，士兵们！在冰冷的白天，我们忍受着暴风雪；夜里，我们在肮脏的俄罗斯麻袋里睡得短促而不安宁。当然，我们也偶尔洗得干干净净地在数百张欧式床上休息。我们曾在不受战事纷扰的法国城堡华丽的巴洛克式床上做过美梦，我们躺在英国掩体里的草袋上，心怦怦直跳，听着炮火齐射的轰鸣声，在摩洛哥芦苇垫上抓过臭虫。我们曾在比利时寄宿学校干净、凉爽的床单上做过不恰当的梦，曾经躺在那里的天真少女或多或少还是处女之身。我们曾用羽绒被擦去战场上的灰尘和汗水，我们经历过波兰犹太人皮质沙发里的最顽固的臭虫袭击，在乌克兰西部干净的枕头堆、气味清新的绣花被子里，我们梦里是回家的场景。最近，我们了解了苏联天堂里可怕的俄罗斯麻袋。

我们已经成为酒店业的专家，今后，即使面对最肮脏、最邋遢的东道主，我们也能泰然处之。我们满是虫子的身体经历了各种程度的丢脸尴尬。当我们在夜幕悄然降临前发现一间小屋，门上还没有铅笔写下"某（数字）部队占用"的字样时，你真应该看看我们阴沉的面孔。

即使小木屋里已经挤满了十几个臭气熏天的当地人，我们几个人在里面仍然很舒服。俄式小木屋永无止境地容纳着人。我们和苏联人一起躺在地板上；宽大的炉子几乎占据了整间房子的一半空间，整整几代人就在炉子旁移动。妻子和孩子，男人和虫子；八、十、十二或十五人躺在那里，但不是因为我们占了他们的空间。即使我们不在，他们也挤在炉子上或者后面。对我们来说，生活和舒适的首要因素在于空间的大小。对苏联人来说则不同：首先就是火炉。有些人只是简单地将几块木板拼在一起，在上面安个顶，就拥有了自己的木板小屋。这就是我们分开生活的方式，一些人在火炉上，另一些人在小屋的其他地方，而圣像下小架子上的一盏小灯整夜都亮着。

尽管肮脏不堪，还有虫子横行，我们在这些可怜的小屋里依然度过了几天无忧无虑的欢乐日子。其中一个人甚至大胆地认为，可以在这里相对安全地庆祝圣诞节。但只有绝对的理想主义者才会这样想。对我来说，在这场该死的战事中，我的行动一如既往。你只是将脏衣服放进水桶里，然后希望只此一次穿上一件干净的衬衫——别忘了我们刚刚收到行军命令。这一次我们必须特别快速地部署。湿衣服被塞进了我们的背包，30分钟后，我们向南面的一个未知目的地行进。从行进的速度来判断，某个地方肯定激战正酣。

经过创纪录的行军，我们到达卡斯托尔诺耶（Kastornoye）。新的战备部队已经派往我们的方向，几个小时后，新的集团军反坦克营就做好了战斗准备。尽管获得了巨大的荣誉——没有多少部队会成为"德国国防军"——我们不知道对此作何感想。南方的情况看来很可疑，我们遇到的许多救护车完全没法提升士气。

在与匈牙利战友短暂的会面后，我们到达意大利远征军总司令部的所在地罗索希（Rossosh）。在那里，我遇到了一张张严肃的面孔。有人用蹩脚的法语问这个人或那个人事情的进展；简短的对话既不清楚又紧张。

傍晚，在一场猛烈的暴风雪中，我们到达阿尔卑斯山地军 [①] 的阵地。当天夜晚，苏军得到坦克支援的进攻被阻止，敌人被击退至顿河对岸。这个年轻的师遭受了首次损失。

在接下来晴朗、寒冷的月夜，敌军再度用他们的巨型自行火炮越过顿河的冰层。战斗一直持续到凌晨。然而，有人会说，从昨天开始，我们就没有看透苏联人，他们在那里制造了很多假象，因为他们打算佯装大举进攻，从而转移我们对其他阵地的注意力。俘虏的证词证实了这种看法。

这些观察和预测都被转发到意大利突击队的各驻地。一切都是靠德军通信参谋人员完成的。我们则用糟糕的学校法语讨论局势。没有达成一致意见；德国通信军官对局势的判断（可能更准确）与意大利绅士们不同。随着翻译的内容越来越多，德国军官恨不得把拳头砸在桌子上，但是他们必须对战友彬彬有礼，面带微笑！宝贵的时间过去了！什么都没发生——战壕里可怜的士兵们，他们早已经意识到一场灾难正在逼近。阴暗的预感令人心情极差。爱人、妻子和母亲的旧照片又一次在步兵的手中徘徊。这可不是什么好兆头！

晚上，我们从阿尔卑斯山地军的阵地撤退。这一次撤退匆忙而仓促。天一亮，我们就向南越过新卡利特瓦（Novaya Kalitva）结冰的沼泽地，同时紧贴前线。这里的事态很不稳定！真是个糟糕的开端！在奥罗宾斯基（Orobinsky），我们遇到了第一批德军步兵。他们浑身血污，灰头土脸地看着我们，一言不发。真正的前线猪知道发生了什么，即使没有说话，我们也知道一场大灾难行将到来，因为尸臭就在空气中弥漫。事情看来很糟。

前方的泥土翻滚、涌动，形成了一堵泥墙，我在泥墙后面以避开冰冷的风，毛毛细雨被寒风裹挟着滴落在肮脏的黄色浅溪里。崎岖不平、冰天雪地的乡村街

[①] 译者注：隶属于意大利第8集团军。

道上一片混乱。危险的神经已经占了上风。

这个炮兵平时是个随和、热爱动物的乡下人，现在以一种令人心碎的方式骑在他那匹可怜的瘦马上。饱受折磨的马儿猛烈挣扎，缰绳被迎面而来的一辆反坦克炮车缠住。一向冷静耐心的卡车司机突然刹车，重型卡车的后部侧滑，撞上一辆满载小包裹的步兵车辆。车辆和人员一片混乱，责任双方在尖叫和咒骂，意大利人在高声质问、吼叫。

说到意大利人！突然间，我恍然大悟，这里发生的事情变得非常清楚了。在向下走的路上，我就一直在想，为什么我们会遇到这么多的意大利士兵，他们成群结队却没有一个领头的。在与一位了解更多情况的战友交流了几句后，我明白了：那些家伙正在开溜；他们正在像他们的军官那样逃跑，军官们已经保住了自己宝贵的生命。少数德军被留下来，面对一支20倍于己的优势兵力，直至流血而死。这些迎面而来的意大利队伍还堵住了道路，阻挡了那些想帮助我们处于死亡边缘的战友的人。我们满怀恨意和厌恶，看着那些逃跑的人的脸。胆小鬼们，你们已经抛弃了对战友情谊的信仰。你们过去是，将来也会是叛徒！

德军最高统帅部正在向意大利军队施压，想要让他们留下来阻止即将到来的军队。翻译和谈判再次无果，因为令人恐慌的逃亡谣言——今天我们知道一定是整整一个集团军在逃——甚至连腹地"勇敢的"意大利军人也在收拾行李。邻近的阿尔卑斯山地军的伟大战友们想要挽救意大利同胞的荣誉；他们正疯狂地试图巩固好阵地，以便能够重整那些正在逃亡的人。

地面结冰太深了。太迟了，一切都太迟了！天寒地冻，凛冽的寒风令人寒冷彻骨。因此，我们很高兴在中午接到进入阵地的命令。配备精良车辆和反坦克炮的第2连被撤回，回到南面几千米外的阵地。我们再也没有见过他们。

我们的部队已经被部署到查普科沃（Tsapkovo），我们想在那里安顿下来，在简陋的掩体中稍微舒服一些。我特别关注意大利人，如果情况不是那么严峻的话，人们一定会开怀大笑。意大利人眼睛低垂，像小偷一样接连逃跑。他们脸色蜡黄，可能已经尿裤子了。

在这种致命的寒冷中无法立即启动的卡车只能被甩在后面。没有人负责运输储存在大型仓库里的大量食品补给。可惜的是，这些仓库前还站着守卫；不然的话，我们就知道该怎么办了。

　　傍晚时分，食物和好消息接踵而至。现在我们的肚子已经填饱了，正满怀信心地展望接下来的几个小时。一切都会好起来的。上午将会有一次攻击，一个宪兵团正在增援。扎普科沃大山附近的一个大规模炮兵连将在夜间进入阵地，从而为这次进攻播放伴奏"乐曲"。

　　这是一个寒冷、晴朗的月夜。这里极其寒冷，大约在零下35摄氏度；如果不戴手套，我们的皮肤就会粘在金属武器上。在奥洛宾斯基方向，由于苏军火箭炮弹的冲击，天空在几分钟内就会成为一道颤抖的火墙；这火箭炮雷鸣般的射击声让我想起了最美好的时光。透过雷霆般的射击声和炮弹的撞击声，我们听不见伊万们轻柔的歌声和熟悉的咕咕声。突然间，传来一阵咯咯的轻微摩擦声……我们刚好有足够的时间卧倒，然后地面就发生了大爆炸。100米外，第二枚炸弹命中，弹片就像烟花般在空中飞舞。邻近我的士兵平日里是一位金属工人，这场景让他想起了焊炬喷出的火花。这家伙说得有几分道理！

　　从这时起，爆炸的雷鸣就一直在持续。轰炸机不再注意我们了；相反，它们在公路变得非常陡峭的城镇入口处投下了成片的炸弹。该死的，那一定是我们中的一个人不久前看到重炮连的地方。我们的麻烦大了！

　　午夜前，我的掩体里来了一名高级军官。他是重炮连的连长；他绝望地告诉我，在过去2小时里，他一直试图上山，但没有成功。公路上已经完全结冰，大炮都在侧滑。2个小时以来，伊万们一直在那里投掷炸弹；半个炮兵连都被炸成了碎片，街道上到处都是血迹和金属碎片。那一定很可怕。这个男人气得眼泪都出来了。他觉得我们应该去帮忙，将我们的牵引发动机用上。我们很难向他解释，我们的汽油只够应急，以防我们必须撤离队伍中最有价值的那部分装备。意大利军队的阵地没有给我们任何汽油。德国士兵们会流血；意大利绅士需要汽油逃命。

　　他痛苦而失望地回到了他的炮兵连余部，他们仍在遭受苏军轰炸。我们感觉糟透了。我们无法帮助我们的炮兵好战友，明天也不能指望他们会给我们提供任何帮助。如果没有他们的重火力，这将是一次毫无胜算的进攻。所有这一切都是因为几升汽油，因为该死的意大利人！

　　情况看来可真糟糕。我们今天上午发动进攻；宪兵团在苏军的巨大压力下流血而死。即使我们德国人也坚持不下去了。大片区域已经被包围；其他区域则被苏军火箭炮和坦克轰成了碎片。

中午以前，苏军坦克出乎意料地闯入了这个城镇。他们有条不紊地向我们的所有车辆射击，让它们起火燃烧；然后我们就像兔子一样被追捕。我们无法在大雪中前进；有人倒下了，被 T-60 坦克的履带逮住，然后被碾压成了肉酱。人们只能用几个无力的词汇来谈论这件事——仍在隐藏着的是这一切的恐怖和惊骇。

中午，我们被迫撤离这座城镇，我们再也守不住了！由于炸弹和炮弹的不断冲击，弹片飞满了街道，刺鼻的烟雾遮住了我们的视线。伊万诺夫卡（Ivanovka）收容营！所有能够逃离毁灭的人都聚集在这里。

天哪，我们看上去都不知道成什么样子了！我不会为我的性命下赌注。最晚一个小时以后，敌人的坦克就会来到这里。我们没有什么可以用来对付他们的。什么都没有！

在前面的路口，来了一个骑马的传令兵——战争中还有这种信使吗？没有时间欣赏他了——呜呜！正中靶心！人和马都被炸成了碎片。我的胃开始发酸。该死的！

傍晚，我接到命令，要将所有机密文件都带到安全地带，设法突破到克里尼奇诺伊（Krinichnoye）。我带着团助理一起走，一辆敌军坦克碾过了他的双腿，这个可怜的家伙在崎岖不平的道路上每遇到一个坑就尖叫一声。在路上，我遇见了一支有10辆重型卡车的运输队。这些意大利人正忙着将前线急需的炮弹扔进沟里，从而能更快逃跑。我现在眼眶充血，无意识的愤怒控制住了我，我就像魔鬼一样，径直冲进了颤抖的车队。据司机后来告诉我说，我甚至还开了枪，我可能都不知道自己做了什么。这无关紧要，因为爆炸声此起彼伏。

数以百计的意大利卡车被一群懦弱的人抛在各处。除了少数例外，所有这些卡车都在一小时后被苏军抢走。人们甚至都无法想象。就这样，他们丢下一个整军的粮食补给——这应当可以维持到1943年5月。红军现在都在用那些美味的食物填饱肚子。大约8万罐肉、数以吨计的猪油、猪肉肠、500袋咖啡、2万升干邑白兰地等。更不用说其他东西了。就在两天前，我们瞥了一眼大仓库，看着几百只火腿笑得流口水。真可惜，真可惜啊！

　　我们也不得不撤离伊万诺夫卡。我们在猛烈的炮火下撤退，营长身负重伤。收容营地沿着戈卢巴亚克里尼察（Golubaya Krinitsa）向东转移。在戈卢巴亚，靠近牧羊场的地方是师属兵站。从今天上午开始，红军就一直以强大的空中力量来进攻。中午时分，4架战斗机飞过牧场上空，显然没有注意到我们。10分钟后，它们返航，我们还没来得及隐蔽，炸弹就如雨点般落下了。但是没有爆炸。哑弹！人们刚刚从泥地里爬起来讨论苏联的劣质弹药，我们周围的土地就爆炸了。我突然想到了定时引信，我周围弥漫着黑臭的硝烟。"汽油被点着了。"有人叫道。从烟雾中，一个小个子苏联人跑了过来，他是一辆油罐车司机，他像人形火炬一样蹒跚了几步，然后一座房子燃烧的屋顶滑了下来，将他埋了。

　　浑身是血的海因茨·施蒂歇尔（Heinz Stichel）倒下了，艾希勒（Eichler）就躺在他的车旁边，双腿骨折。黄色的气体从弹坑里升起，米勒（Mueller）和弗里茨·克诺尔（Fritz Knoll）就躺在那里，已被炸得面目全非，可怜的好小伙儿！小诺尔特（Nolte），我们出色的主治军医，正靠着一间小木屋被炸毁的墙壁坐着！他望向远方，仿佛在做梦；他周围的一切都与他无关——他一定想起了8天前出生的儿子。他那张稚气未脱的脸上淌着一道淡淡的血痕，在他的头顶上，我看到了一些白色的东

▲ 守卫罗索希周围防线的德军。
（照片由www.wwii-photos-maps.com提供）

▲ 伪装过的苏军坦克在罗索希遭到攻击。
（照片由www.wwii-photos-maps.com提供）

西——他的脑浆。他用很低的声音只说了一个词："可怜！"

过去几天，我们一直在新战线后面18到20千米的罗索希，面对敌人，我们只剩下一个已经减员50%的连。在很短的时间内，这个年轻而强大的师就被击败了，100多人失踪。在敌人的战线后方，他们中有多少人可能还活着？

12月24日： 平安夜！穿过冰雪，透过漆黑的暴风雪之夜，我们的思绪与国内的家人同在，此时此刻，家中圣诞树上的灯烛在孩子喜气洋洋的脸上投下温柔的光芒——埃丽卡！一位年轻漂亮的妻子眼睛湿润，手里拿着爱人写来的圣诞书信，思绪飘向远方——穿过古老河流的冰层，穿过狼群肆虐的、破败不堪的俄罗斯森林，穿过大城市的废墟，这些城市在悲伤、单调的积雪下丢失了恐怖的色彩；经过可怜的俄式小木屋，一直来到她爱人的身旁。寂静的夜晚，神圣的夜晚……

寂静？！前线枪炮的砰砰声和轰鸣声震的窗户都在摇晃。神圣？！前方，红军正利用他们10倍的优势兵力对抗可怜的德军接应兵站。"愿世界和平！"上帝何时让和平再现啊？

我们的小烛台上的蜡烛已经燃尽，我们已经读到了家里送来的许多可爱文字，我们的小房间里很温暖，我们心中也很温暖。我很开心，也很满足。难道我们没有理由感到开心满足吗？我们不用面对敌人，我们得到了百般好东西吃喝。一点好酒，赶走了这场血战的恶鬼；剩下的是对活着的感激和感恩。谁不憧憬回到德国的家中与妻儿相伴的安逸生活呢！

红军的攻势浪潮已经停止，勇敢的德军组成的单薄战线就像一条小水坝那样纹丝不动；他们坚守着阵地！南面的情况又是另一番景象，敌人向西方和西南方向推进，已经占领了米列罗沃（Millerovo），现在正威胁着罗斯托夫（Rostov）。

尽管我们为最近取得的胜利感到自豪，但是由于南方的雷雨天气肆虐，我们无法获得任何乐趣。我们不断发问：匈牙利军队是否能坚守住他们在北面的阵地？

我们在罗索希的日子无忧无虑；苏军轰炸机的日常空袭不会搅乱我们的平静。我们喝着香槟，度过了一个沉静的除夕夜，回忆起1942年的动荡。在行将到来的新一年里会发生什么事情呢？幸运的是我们不知道。经过我们耳闻目睹的一切，我相信战争在1943年会来到决定性时刻。我们已经在东面和西面都消耗了大量资源，只有苏军正在调动他们最好的资源。

1943年1月15日： 今天上午天空晴朗；温度在零下30摄氏度左右。层层白雾笼罩着卡利特瓦沼泽。我们的战友赫伯特膀胱虚弱，5时便离开房间，砰的一声关上了门。他再度回到房间，脸色苍白，尖叫道：苏军坦克！我立即清醒过来，走到街上。我能清楚地听见坦克的隆隆声，不久又听见爆炸声。该死的，这些杂种一定离得很近。现在他们出现在了另一边，正一辆接一辆地穿过园地；它们停下，开火，然后向市中心进发。10……15……18……20辆钢铁之躯——T-34坦克和KV-1坦克冲到了桥上。步兵下了坦克散开，6辆坦克近距离驶过，没有注意到我们，继续向火车站驶去。这些人想将我们的部队分割包围，我们是时候做好准备了。

我们没有重型武器或炸药，城里几乎没有部队。我们将一些物品扔到手推车上，沿着建筑物寻求掩护，缓缓地在大街上行走。黑色的火云在城市上空盘旋，"斯图卡"轰炸机像鹰一样俯冲轰炸苏军坦克，从而分散了红军对我们的注意力。1个小时后，我们突破了包围圈，燃烧的罗索希现在在我们身后，最后一批坦克在向我们的车队开火射击。逃跑！

东线的每一个军人都熟悉俄罗斯冬天的严酷：混乱和恐怖无处不在；坦克被遗弃，报废或者起火燃烧的车辆就停放在路边；苏军不断轰炸；食品补给被烧毁；我们在雪堆里等候了很长时间，都长冻疮了。因为医疗勤务部队不存在了，最轻微的伤害都可能导致重大麻烦。没有人再帮助你，每个人都要靠自己，弱者都死在阴沟里或者暴风雪中。

十几二十名惊慌失措的士兵就吊挂在一辆卡车两侧，在车队里被压死。有些人丢失了手套，手指被冻僵了；他们身体虚弱，倒下了，结果被车队尾随而来的卡车撞死。乞求、呜咽、咒骂和射击……无论谁曾忍受过这种悲惨的经历，终其余生都难以忘怀。

可怕的事情现在已经发生了：北方的匈牙利军队正在撤退，或者可以说匈牙利全军都在恐慌中逃窜。

尼古拉耶夫卡（Nikolayevka）！数以百计的射击照亮了夜晚，炸弹不断落下，空气中弥漫着爆炸声、倒塌建筑物发出的隆隆声、装满汽油的车辆的猛烈爆炸声和伤员的惨叫声。惊慌失措的马匹在燃烧的街道上奔驰，践踏着沿途的一切。

我们应向何处去？是应当跟随难民潮去瓦卢伊基（Valuyki），还是应当转向更靠近前线的波德戈尔诺耶（Podgornoye）？我正在尽我所能说服我的战友们前往下一个目的地波德戈尔诺耶。

苏军坦克四处突破。到达波德戈尔诺耶后，我对地形非常熟悉，这对所有意外事件都至关重要。次日上午，我收到一个消息，苏军坦克在瓦卢伊基附近发动了攻击，摧毁了我们的整个车队。上帝保佑我们！

波德戈尔诺耶被放弃了！瓦卢伊基被放弃了！撤往沃洛科诺夫卡（Volokonovka）。在与苏军坦克激战之后，沃洛科诺夫卡也被攻克了！逃离——撤退——绝望。

我们到达别尔哥罗德时几近筋疲力尽。如果有人在三个月前告诉我，我会再次回到别尔哥罗德，我会说他疯了。如果有人在我面前预测前线会再次在这里出现，我会打断他身上的每一根骨头。

然而，现在一切又和一年前一样了，整个夏天的流血牺牲都是徒劳。愿上帝赐予我们足够的力量去忍受这一切，让我们不再软弱。

库尔斯克

到达库尔斯克。集团军指挥部命令我们尽快准备好最后的重炮和运输车辆，这个反坦克营的余部和在火车站等候的休假士兵被编成了2个连。沃罗涅日被放弃、卡斯托尔诺耶失守、塞克季科里（Sektikry）受到威胁。红军的人流如同雪崩一样滚滚西进，冲垮了沿途的一切，库尔斯克不久就会被他们占领。

我偶尔会遇到那些艰难转战来到我们阵地的老战友，他们苍白的脸庞因为恐惧和深深的绝望而扭曲，他们向我们诉说了自己恐怖的经历。来自拉脱维亚的海因茨·舍勒（Heinz Scheele）来到这里，谈起了苏军坦克袭击医疗列车的经过：游击队员炸毁了卡斯托尔诺耶附近的一座铁路桥，两列火车上挤满了无助的我军伤员，都被困在铁轨上。这时，苏军坦克抵达，向火车车厢发射炮弹，这对它们来说是个容易射击的目标。半小时后，铁轨上就只剩下闷烧的残骸了，最后一声尖叫和最后一声呜咽也随之消失。这些日子里发生的成千上万场灾难中的一场终于结束了。

红军已经到达波内里，那里有通往奥廖尔的重要铁路线，必须放弃希格雷（Shchigry）。库尔斯克现在也岌岌可危。集团军群指挥部下令保卫这座城市，但普通士兵觉得这没有用，为时已晚。各集团军、各师和数十万军人的士气正处于最低点。大多数战士们在杀机四伏的前线战斗了41个昼夜，没有任何喘息之机，这就是他们承受这些苦难造成的后果，而他们的战友在法国正逍遥呢。你只能在一定程度上忍受这种局面，而且，一旦有意外的紧急情况发生，愿上帝与我们同在。

该死的，我们累了，我们的心都碎了！上帝知道，我们都是前线的忠诚战士！我们信任我们的领导，毫无怨言地坦然接受重担——但是让西线那些被宠坏的军人像个军人那样去打仗。不要和我谈论英军入侵，让英国兵来吧，当我们东线的战士胜利之时，让他们有去无回。

敌人现在已经攻入库尔斯克。食品补给、装备和备件军需仓库都被清理干净了，最后一支医疗队已撤离该市。炸弹日夜不停地落在建筑物上，火车站被烧毁殆尽。对于许多满怀期待的欢乐休假者来说，再也没有火车行驶了。

库尔斯克火车站——这是10万德军军人的梦想！这就是为期4周难以形容的幸福假期开始的地方；就在这里，我们怀着一颗对祖国的无限思念爬上了火车！现在，这里的地面上布满了深深的弹坑，我们领取食品补给的营房被焚毁了，"开往德国的度假列车"的广告牌被炸弹炸成了碎片。这难道不是一种象征，或者说是一种告诫，让我们抹去所有对假期、祖国、妻儿的美好念头，全力以赴迎接这场为了生存而展开的可怕战斗吗？这场战斗不会有胜者或败者，只有幸存者和不幸的遇难者！

现在形势严峻，我再度接到保护所有残留的敏感文件和记录的命令，其余重要通信装备由第二辆卡车运送。晚上，我们经由利戈夫（Lgov）抵达苏贾（Sudzha）。

2月7日：次日上午，我们继续向苏梅方向行进。街道上到处是雪，挤满了撤退的匈牙利部队，雪橇和坦克车队川流不息。何其悲惨的一群人！他们冷漠而忧郁地在雪地里艰难前行，脚上穿着破烂的鞋子，手里握着沉重的登山杖，有些人只携带着步枪套——他们很久以前就将步枪丢弃或者卖掉了。雪橇上装满了战利品或者交易来的货物，这些人不再是军人了，而是乌合之众，他们这是自食其果。

下午，距离苏梅只有14千米了。我们又饿又冷，冰冷的风暴让我们的骨头嘎嘎作响，再往前走14千米，我们就能享受一个温暖的避难所了。

右边是舍夫琴科韦（Shevchenkove）村，左侧和前方是一片森林。深红色的太阳落在树梢头，这是一幅安宁的画面，让我们想起了祖国，因为这个地区的森林稀少，而我们已经习惯了这种情况。没有人会因为我想家而来责怪我，我暗自品味着美好的回忆。

突然，我们再度面对严酷的现实，一声巨响将我们击倒。森林边缘不断出现闪光，现在也在更远处的村庄出现了。3枪击中了我们的挡风玻璃，几枚弹片落在左右两侧，我们得立即下车！我们被匈牙利军队的最后几辆车卡在中间，我们前面是一辆德国汽车和一辆卡车，匈牙利人惊慌失措地到处乱跑，他们没有一个人开枪射击——反正他们已经没有武器了！我们只能听见尖叫、呜咽和机枪射击的哒哒声，以及迫击炮弹的沉闷爆炸声和反坦克炮弹的呼啸声。

我们的两辆卡车在积雪的公路上急转弯，匈牙利人的雪橇挡住了路，我们抽打着无人的马匹，以超人的力量成功地将雪橇推离了公路。我们现在仍是苏军唯一的目标，正吸引着步枪和各种火炮的火力。我们都麻木了，我们必须让卡车做好准备！我们成功了，第一辆卡车开始行驶，卡车的发动机盖子被机枪子弹击中了。卡宾枪在我的战友多伊施勒（Deuschle）手中被击成了两截，但是我们的卡车正在开动。燃烧弹击中了我们前方的积雪，20毫米反坦克炮弹落在路边！该死的杂种！我站在卡车的踏板上环顾四周！车盖冒出滚滚黑烟，汽油在燃烧！我们离目的地很近了，一切都完了！第二辆卡车也指望不上了，一辆燃烧的福特车挡住了路。

现在我们必须逃命了！我们在齐膝深的雪地里奔跑，被步枪火力包围了。我们筋疲力尽，傍晚到达了尤纳基夫卡（Yunakivka）。令人难以置信的是，我们6个人都没有受伤，愿上帝保佑我们未来的日子！

村庄已被夷为平地，森林里有大约200名游击队员或红军残部的踪迹，我们的任务不是去核实这一点。即使在大雪覆盖了那些残缺不全的尸体后，遇袭区域仍旧让人感到毛骨悚然。破碎的雪橇、卡车、轿车、死马和大约80名被杀的匈牙利人躺在地面上。一辆德国汽车就像筛子一样被子弹打得千疮百孔，车上覆着柔软的雪，仿佛在怜悯我们战友扭曲的身体。在不远处的废墟中间，是一辆德国卡车，它为我们在雪地中开辟了一条道路。车上的军士和士兵都死了，被弹片炸死了！现在我认出了我的卡车。我如释重负，快速检查后发现卡车被洗劫了，但文件还在，有些箱子被打开了。汽车发动机仍然正常，但悬挂结构和车盖已经严重损坏。

第二辆卡车已经被烧得只剩轮胎了，熏黑的铁杆子就躺在雪地里，这是一幅悲惨的画面。但我们还是很高兴，因为尚有第二辆卡车，车上还有宝贵的货物。傍晚我们到达苏梅，暂时处于安全地带。苏梅现在正受到来自南面的威胁，在遥远的西侧，敌人已经突破，现在接近罗姆内，位于库尔斯克和基辅的中途。

2月的这个冰冷早晨，空中十分平静。太阳在万里无云的天空中升起。它的黄红色的球体与苍白灰暗的天空形成鲜明对比。地平线上方，绿色条纹与粉红色色调交错。冰冷的空气发出噼啪声响。昼夜在雪洞中，当阳光照射到雪洞时，就会闪着蓝光，就像石窟中的光一般神秘莫测。当阳光照射到雪地上时，雪地的颜色就会变得苍白，如同一具被生机勃勃的红色气息触摸过的尸体。

我们拖着疲惫的双腿在雪中蹒跚而行，羸弱的几匹马拉着六副雪橇。附在第一个雪橇上的是一副 Akja，即一副平底长雪橇，它左右摆动，想要沿着轨迹前行。这是一个无声的运输队，一口丧钟。平底长雪橇载着珍贵的货物，那就是我们的指挥官西蒙中尉的尸体！他的遗体陪伴了我们18个日夜，是我们战友情谊的象征。在这18天时间里，敌人的子弹就从他的尸体的上方射过，想要摧毁我们。我们终于突破了红色包围圈，我们的中尉和我们在一起，真好！

我们现在不能停下。由于敌人的压力，哈尔科夫被放弃了。大型仓库和建筑物被炸毁，可追溯到沙皇时代的美丽宅邸已被焚毁。

斯大林格勒——罗斯托夫——哈尔科夫：这个大三角现在落入红军手中，我们已经丢掉了。我们拼命想守住每一座村庄和城市，但是敌人太强大了。经过几个小时的激战，我们不得不撤退。我们的脸色苍白，苦涩的绝望在我们心中沉淀下来，成为我们最顽强的敌人。温度是零下40摄氏度，积雪几乎和我们的身体齐平，喘着粗气、烦躁不安、疲惫不堪的马甚至都拉不动空雪橇了。我们的队伍变得越来越小，只有一半的人还能够战斗。负伤的战士们，许多都冻伤了，他们为步枪填弹射击。他们在雪地里蹒跚而行，脸因疼痛而扭曲。在暴风雪中，一些人掉队了，与本该支援他们的战斗小组失散了。

各处都有红军的坦克出现，道路两侧会突然看到这些坦克的剪影。我们的斯图卡俯冲轰炸机总是及时赶到，让我们摆脱困境。我们继续在雪地里奔行，一切都是徒劳！冰冷的寒意让我们如此麻木，以至于都失去了生存的意志。谁在乎坦克炮弹的弹片和敌人步枪射出的子弹呢？我们累了，极其疲累。

在经历了昨天和前天相对温和的天气之后——气温在零下15摄氏度到零下29摄氏度之间——天气突然发生了变化。一阵呼啸的刺骨寒风吹过，将深厚的积雪推到前面。天空灰蒙蒙的，太阳逐渐暗淡，就像一抹柠檬黄一样粘在上空。

我们与其他蒙受同等损失的撤退部队会合，成为一支相当有力的战斗力量正在向东北方向进发。白天，我们轮流在雪堆里战斗或睡觉。晚上，我们偷偷越过敌人占领的村庄。虽然物资和弹药稀缺，但士气较高，因为我们时不时地听说有新的师会从南面进攻。

一弯镰刀状的月亮挂在墨色的暗夜里。随着夜幕降临，我们已经远离了敌人。起初这条路被雪堆堵住了，随后是步枪射击声和爆炸的炮弹在雪地里发出的巨大轰鸣声。突击部队在皑皑雪原里列队前进，尸横遍野，死伤惨重。我们继续前进，在厚厚的积雪中永不停息、痛苦万分地狂奔。

我们现在坐在阴暗潮湿的地下室里，围着一个替代火炉的燃料桶，享受着舒适的热度。今天上午，我们突破了苏军的最后一道防线。死马身上的深色血迹仍然粘在我们的军服上，因为我们不得不躺在道路上，躲在它们依然温热的尸体后面。这些来自东欧大草原的短毛马救了我们一些战友的性命。

但是，我们不要再在这上面耗费更多心思了。事实上，我们甚至都不想反思过去！我们只想静静地围坐在一起，将冰冷的手放在火堆旁，慢慢地、慢慢地感受温暖流遍全身。我们相视而笑。冬天在哪里？在前门？恐怖在哪里？我们可能已经通过了最后一道障碍。外面，死亡仍在街道上萦绕，苏军的重炮正在炮击城市北部，但是我们只是坐在一个发光的燃料桶周围，努力去微笑。我们相当安全，现在开始思乡了。我们渴望与我们英勇无畏的师部会合，我们听说他们作战英勇。

但是现在我们只有一个问题，该如何才能到达奥廖尔？在这个美丽的傍晚，我们用一些花招和香烟弄到了几辆平板车，向北驶去（考虑到冰冷的暴风雪席卷铁轨，"美丽"这个词在这里肯定不恰当）。这次旅程变成了无尽的痛苦，流言再度传开，说这是步兵在东线的最后几周。

"他妈的"，宛如低声的咒语，是将军和士兵都会说的脏话，现在苏联平民也会说了，这种粗话是整个战争状态的症状，它的特点是失望和愤怒、不情愿和不耐烦。但是一点点幽默可以缓解一切，即便这只是病态的幽默，但是不要绝望。如果我们吃不上饭，如果我们的车辆被困在泥里或雪地里，如果我们转换阵地时机枪被冰层冻住，如果我们错过了来自祖国的邮件，我们只会说一个词：他妈的！

我们在戈梅利停留了2个小时，这是"光荣"的意大利第8集团军驻防的地方。这不是一次友爱的重聚。有传言说，这些人中的一些已经两年都没获准休假了，而且有几个团已经被歼灭。我不知道这说法是否正确，但这肯定会给他们一个教训。

眼下我们在奥廖尔，将游击队活动猖獗的广阔森林和空袭甩在了身后。同一天，我们与已部署在奥廖尔的战友会合。我们现在身处后方，准备好迎接下一次冒险。

此时，一种无形的力量吸走了周围景观中所有的色彩和光线，使其淹没在一层灰色中，这就是这个国家荒凉的民族色彩。这个国家经常令人感到压抑，但从未像现在这样凄凉。现在5点钟了，但我们的掩体里一片黑暗。透过狭窄的缝隙只能看到外面一片灰暗。我们的小火炉在发光，炉火噼啪作响。在这灰暗的时刻，我们可以享受炉火的温暖。这在白天是不可能的，因为这会将我们的位置暴露给敌人。

令人无法理解的是，尽管前线很近，但我们仍然能够享受一个安静的时刻，一个我们可以做梦和思考的时刻。在我们的小火炉周围，不仅有一团暖意，还有我们暗涌的情感。我们围坐在一起抽烟，三言两语便打破这片沉默。

夕阳西下，模糊了风景的轮廓，也温润了我们身处前线的艰辛。

现在是烤面包的时候了。我们的炉子已经达到合适的温度，现在士兵们愉快的仪式开始了。我们切下大块黑面包，放在炉子上的盘子里。面包片变得焦褐酥脆；令人难忘的面包香味弥漫在掩体的狭小空间里。这种气味让我们想起了久违的日子，想起了这个世界的舒适和惬意。烤面包的方法有许多种，这可以让你区分掩体里的人们的性格：贪婪的人、随和的人、漠不关心的人和冷漠的人。经验丰富的烤面包师很有耐心，但是当他站在炉子旁，从痛苦的现实中抽离出来时，哪怕只是短暂抽离，他也会开始神游物外。

外面已是漆黑一片。第一轮炮击已开火，炮弹在冰冷的暴风雪中呼啸而过。转瞬即逝的祖国景象迅速过去了；烤面包冒出的蓝色细烟也消失了；战壕再次要求每一位士兵全神贯注。炮弹带来了冲击；成千上万、不计其数的炮弹，毫无间歇地带来了越来越多的冲击。人们再也无法区分每一次爆炸。现在，它就是一种持续不断的爆裂声，一种永无止境的炼狱般的噪音。时间不会流逝，每一分钟给人的感觉都像一个小时。

我们爬进掩体和雪中的防空洞。一开始，我们仍然健谈，但随后我们变得越发沉默。我们希望爆炸会停止，敌人会进攻。现在我们不得不忍受这种没完没了的猛烈炮击。

外面白雪皑皑的风景慢慢变了模样。弹片摧毁了伪装，震落了树枝上的积雪。呼啸的风暴将雪吹向四面八方。但是爆炸的声浪淹没了风的呼啸声。爆炸烧焦了地面,吞噬了覆盖地面的积雪,翻出了绿色和黑色的大片泥块。炽热的金属弹片——小弹片和手掌大小的锯齿状碎片在空中呼啸。这种情况已经持续了三天三夜，只有短暂的间歇。只有布尔什维克发动进攻时，炮击才会停止。但是，由于我们每次都击退了他们，尽管他们有坦克，占据数量优势，他们可怕的炮弹火力每次都会再度爆发，以广泛而无可比拟的复仇烈度吞噬我们的阵地。然后，白雪慢慢地变成了黑色。

红军残酷而肆无忌惮地部署他们的人员和武器。他们在各处成功突破了我们的战线。他们的损失和我们一样惨重。几个战友静静地躺在战壕底部；雪花落在他们坚毅的脸上。

今天是星期日。过去三天的激战之后，诡异的宁静笼罩在荒凉的大地上。被击中如火炬般燃烧的布尔什维克的坦克裸露在冬日的土地上。地面有许多这样的黑色斑点，一动不动，悄然无声。

我们已经习惯了这件事，即敌人的进攻之后会有更多的进攻到来，即使在我们将其击退十多次之后也是一样。我们已经习惯了土色军装的大群敌军部队，他们似乎是从土壤里长出来的，像压路机一样前进，昨天如此，今天如此，明天肯定也是如此。在进攻之间的安静的几个小时里，我们多次自问：是死者再度苏醒了吗？

当炮火日复一日地包围着我们，当一排排齐射的炮弹朝我们落下，当手榴弹不停地呼啸而来，当炸弹爆炸和坦克轰鸣时，所有的想法都集中在当下，我们所有的行动和思想都集中在生存上。我们学会了仇恨，我们曾目睹自己的战友躺在地上，几乎面目全非，尽管如此，他对我们来说仍很珍贵。我们很晚才学会仇恨，这不是我们的天性，想想以前一切都很顺利。但现在为时未晚。

我们收到了信件，内容比过去几周更加严肃，它向我们揭示了国人的心境和亲人对我们的忧虑。我们的战斗前所未有地艰难和无情，我们知道他们在国内已经意识到这一点，现在这是一场为了生存的战斗，为了一切的战斗。

奥廖尔

大约20道白光扫过天空，这是属于轰炸机的夜晚。昨天，苏军飞机投放了宣传单，他们宣布要实施恐怖的空袭，建议平民离开这座城市。各种大小炸弹彻夜落下，无数的炸药和含镁集束炸弹——也被称为"圣诞树"，以暗红色的光芒照亮了夜空，爆炸的反坦克弹药像下沉的星星一样落下，榴霰弹闪着黄光——一个真正的女巫安息日（Hexensabbath），今晚，我们的人员和武器损失惨重。由于这些地狱般的夜晚，我们接下来几周的饭菜只有人造黄油和最低限度的口粮。

现在前线变得更加安静了。在一个清晨，我们被告知要离开现在的阵地去支援我们更后方的战友。我们在主前线后方6千米处，那里离后方非常近。经过10个小时恢复元气的睡眠——伊万的炸弹仅仅打断过我们两次，我们现在心情很好，开始享用早餐。在这种环境下，这是一幅几乎平静祥和的画面，当我们的苏联老大妈忙于将她们所有可怜的财产都搬运到安全的地方去时，我们都非常吃惊。她从墙上取下了几张照片和一面完全看不清的镜子，将圣像从角落里取了出来。我问她这样做的目的是什么，但是她迟迟不肯回答。与此同时，我的战友们也在收拾自己的行李。以往撤退的经验告诉我们，当平民开始收拾行李时，我们也该做好准备了。

　　1月，我们在波德戈尔诺耶和瓦卢伊基；2月，我们在沃尔昌斯克（Volchansk）和别尔哥罗德。情况一直是这样——我们住在村子的小屋里，或者在至少有窗户的石头建筑里宿营。

　　当地人喜悦而卑屈地迎接我们，聆听我们说出的每一个愿望。我们躺下，从之前的睡眠不足中恢复过来。当我们醒来时，我们就呼唤苏联主妇（Matka，住在小屋里的一个女人），因为晚上屋子里的火熄灭了，我们都冻得受不了。但是没有人出现，我们环顾四周，全家人都消失了。

　　我们为了一个解释等候了几个小时，这几个小时安静得几乎不自然。突然间，射击和爆炸再度包围了我们。我们已经熟悉了这种刺耳的声音，只被短暂的沉默打断，然后是猛烈的弹幕冲击。这场炼狱般的音乐会从日落开始，一直持续到午夜。然后，突然之间，它戛然而止，就像开始时一样。接着我们听到了警报声，苏军突入了这座城市，争夺建筑物的夜战开始了。

　　在苏军攻占别尔哥罗德的一周前，平民已经撤离了。但我们对红军的这种伏击嗤之以鼻，因为我们认为这是不可能办到的。前线在远方，非常远。然后有一天早上，我们的宿营处再也没有平民了，而苏军的坦克就在建筑物前面。

　　我们得到了教训。怀着复杂的心情，我们现在想起了那位苏联老大妈仓促的准备工作，我们的好心情荡然无存。其他房舍内的所有平民也都消失得无影无踪，大难临头各自飞。

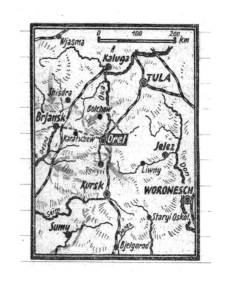

　　我们应当拆除炮队镜，我们将面临很多问题！我们认识这些人够久了。平民通常留在他们的小屋里，当他们受到炸弹或手榴弹威胁时，他们不会逃跑。但是现在平民已经逃离，到天黑时，几乎所有的平民都无声无息地消失了。

　　大约19时，前线一带传来一阵异常响亮的隆隆声和爆裂声。稍后，我们团的

▲ 东线奥廖尔地区的地图。

一名传令兵来了，提醒我们红军已经突破了前线，现在距离村庄1000米。

争夺村庄的战斗持续了两天两夜，我们成功击退苏军之前，度过了一段艰难时期。第三天，主阵地已经重建。与此同时，平民都回来了，像孩子一般友好而天真地微笑，就仿佛什么都没发生过一样。

弹痕累累的窗户已经修复，受损的墙壁已经修缮，破碎的屋顶已重新封顶。苏联老大妈、主妇和孩子们从早忙到晚。傍晚，一大家子围坐在炉子旁或躺在地板上。村庄的边缘是我们的弹药库。虽然这不是最好的地方，但已不是问题，因为伊万已经很久没有来拜访我们了，而且弹药库伪装得非常好。飞雪轻柔，但风仍然冰冷刺骨。晚上，我们筋疲力尽地躺在稻草床上。和其他夜晚一样，我们也渴望屋主能离开，这样我们就可以在草席上睡个好觉了。但是没有人动。我们试着把头埋在枕头里。下午，我们的屋主都待在闷不透风但温暖的小屋里。后来，他们带着妻子和孩子消失在土豆储藏室里。当我们找到他们时，他们不好意思地咧嘴笑着，但是没有和我们说话。

我们终于能休息了，并发誓谁要打扰我们睡觉，我们就开枪打死谁。突然我们醒了过来。窗户上的碎片落在我身上；到处都是玻璃碎片和其他碎片，火炉附近的黏土墙上还插着一块手掌大小的碎片。现在处处都是隆隆声和爆裂声。伊万的飞机一直飞到凌晨2时。我数了一下，一共有53次炸弹爆炸。当他们离开时，三分之一个村庄被摧毁了。但是至少他们没有成功命中我们的弹药库，否则那将会夷平整座村庄。

第二天早上，全村人再度出现，并尽可能地重新修缮房屋。他们继续在火炉边睡了3个晚上，只是后来再次消失在土豆储藏室里。与此同时，我们也明白了他们正在做什么。我们收拾好自己的行李，也在密闭的土豆地洞里寻求掩护。

今晚，苏军轰炸机再度返回，摧毁了剩下村庄的一半。其余都被引爆的弹药库给炸成了碎片。苏联平民再次更及时地得到了通知。他们与苏军前线有自己的地下通信网络。我们的秘密战地警察（GFP）极力尝试破解他们的通信系统。但这是徒劳之举！

我在通往前线的公路上已经站了几个小时，等待着引导卡车就位。几个排的部队向前推进，火炮隆隆驶过；无休止的车轮滚动让地面震动。我看到身后有点燃的香烟在闪着光。每走一步，我的铁锹都会撞上防毒面具。一个骑马的人在向前飞奔。有人问现在几点钟：现在是凌晨2时。附近有人在用一个军用水壶冲泡新茶。路上飘着加了朗姆酒的茶香味。炊具在嘎嘎作响。前面传来雷鸣般的噪音，条状的光芒照亮了天空——重炮的炮口在闪光。介于两者之间的机关枪的"哒哒"声，就像怀表里的秒针一样响动。凌晨3时，我们排的卡车终于到达了，由于伊万的进攻，卡车的行程被延误了。

我们平静地抽了一支烟，便继续前进了。路况越来越差，坑坑洼洼的。

在马托耶（Mattuoje），我们来到了射击区域。现在炮弹离我们已经很近了。车辆正在急速退后。有人从最后一辆车上喊道："弹药车中弹了！"在村庄边缘有一团明亮的火焰，照亮了敌军大炮的弹道。现在情况越发严重。有人喊道："停下！有更多的炮击！隐蔽！"地面在多次沉闷的落弹声中颤抖。我们紧紧趴在地面上，仿佛它能为我们提供保护。弹片和碎片嗡嗡作响，又被远处沉闷的砰砰声打断，那是下一轮的射击声。但是我们必须前进。我们这个排必须在天亮前就位。

我们来到了木排路，这是最糟糕的路段。两边有无数弹坑，我们在地面上一再遭到空袭，苏军飞机正在向我们扫射。

布拉什卡托沃村（Blashkatowo）所剩无几，只剩下冒着烟的屋梁、破碎的家居用品、被毁的房屋中央仅剩的烟囱、熊熊燃烧的小木屋和烧焦的肉体令人作呕的臭气。我们已经接近目标。5时20分，我们排已经就位，但两名好战友失踪了。

泥泞的季节！灿烂的阳光紧随席卷东欧大草原的降雪和冰雹而至。3个阳光明媚的日子以后，冰雪开始消融。第四天，天气非常温暖，水与土壤混合起来，将一切溶解成一层又一层泥土。上周末，融化的雪水没过我们的膝盖，灌满了小溪和花园。周围的风景就像是一座巨大的湖泊。我们的车辆被困住了。现在移动一辆车需要三四天时间，而以前只需要一小时。

幸运的是，靴子按时到达了，这至少为我们提供了最低限度的保护，可以抵御冰水侵袭。每个人都在准备像两栖动物那样生活。像往年一样，我们分发了治疗常见疾病的有效药物。天气很糟糕；此外，我们日夜都遭到严酷的攻击。

这些天发生了一些奇妙的事情。一个生气勃勃的年轻士兵组成的营，携带新装备到达了。他们的靴子闪闪发亮，他们的锅碗瓢盆从未在苏联的火炉上使用过，尽管我们很久以后才注意到这一点。最奇妙的是，他们三人一排行军，还唱着歌！我们走出炮火连天的小木屋和掩体，这里曾是我们的营房，我们无法理解这样的奇迹。我们身穿迷彩服默默站立在那里，身上沾满了泥土，难以置信地抚摸着我们胡子拉碴的脸。他们沿着一连串顶上有十字架的小坟丘行进，我感觉他们的声音颤抖了片刻。我们默默低下头，去看我们那湿漉漉的、沾满泥土的靴子。有人开了个玩笑，在这种情况下是个残酷的玩笑："他们很快就唱不动了。"但是没有人笑，也没有人同意说笑人的看法。我们都知道这些从祖国来的年轻战友将排成几排或者一列纵队，走完最后两三千米到达他们的阵地。

▲ 1943年5月10日，德军在东线的前线。

每个人都会双手握住步枪，以免撞到他们的炊具。当他们接到清空他们的裤袋和衣袋，将所有东西都放进胸前口袋的指示时，他们会惊讶片刻。当他们明白这个命令的目的时，又会不寒而栗。当我们跳进战壕时，也遇到了同样的情况。冰冷的水一直漫到我们的腰部，淹没了我们的靴子；我们的裤子紧贴着大腿。但他们会像我们一样忍受这一切。他们会享受掩体内火炉的恩惠；火炉的热量将我们裤子和袜子里的水排出，变成乳白色的细流。当他们的军服附上了合适的黏土外壳时，就再也没有人能将他们和我们区分开来。

这些年轻战友让我们感到很亲切。我们羡慕他们的歌声，这歌声唤起了我们对旧日的回忆。

这个冬天对我们来说极为严酷。它可能会将我们的心冰冻起来，让我们无法开怀大笑，让我们忘记自己的歌声。严寒、呼啸的暴风雪，没有食物的白天和无眠的夜晚，在我们胡子拉碴的脸上刻下了深深的皱纹。

我们偶尔会收到大后方写来的自作聪明的书信，询问我们在前线的心境如何。

我们对这样愚蠢的问题，摇头表示不解。愚蠢的人！我们是在前线战斗的军人！

　　一场风暴正在东欧大草原上空酝酿，这是来自蒙古的第二场风暴。我们必须用身体抵御风暴。我们一步步深入挖掘，从而成功地坚守住我们的阵地。不要问我们是如何熬过这个冬季的。千万不要让我们在家里谈论这件事。当一个人在漫长的冬季冻得牙齿打架时，以后就很难开口了。以后别再问我们了。我们默默坚守阵地，战斗，我们将继续战斗。我们从不愿去想这件事，我们想要忘记一切。现在，我们的战友正唱着歌从我们身边走过。我们坚信，我们心如铁块，坚如磐石。现在，我们再次感受到它的跳动，意识到漫长的冬季是如何折磨我们的。我们年轻的战友应当继续歌唱。我们应当肩并肩站在一起：我们，和我们那群拥有年轻的心和纯真自信的战友，共同走出了漫长冬季的炼狱。

　　一夜之间，一阵清风吹散了遮天蔽日的乌云。一周之内，我们一直在与之抗衡却屡战屡败的水和泥都消失了。但是还没有人愿意相信春天的奇迹。在干燥的公路上吹起的第一缕沙尘仍然会引起人们的怀疑。或许大自然在和我们开一个残酷的玩笑。但是我们很高兴春天以如此愉快的方式到来了。

　　我们这一片战区现在很平静。敌军的炮火偶尔发动袭击；红军飞机数度空袭。我们的掩体是安全的，能够抵挡炸弹。我们用木板和铁路枕木加固过。直到不久前，我们还不相信前线会如此平静，就像不相信异常温和的天气一样。但是现在看来伊万终于投降了。我们时不时还能放松一两个小时。我们经常回忆起"奥廖尔冬季战役"那艰难的几周。

　　2月下半月的战斗主要集中在奥廖尔西侧，数日后，该市东南侧又爆发了前所未有的激战。敌军在这两个地点都集中了强大的

▲ 1943年母亲节："通过这幅简笔画你就会知道我在说什么。致我最亲爱的，拥抱你，吻你，汉塞尔，1943年5月4日。"（照片由克里斯蒂娜·亚历山大和梅森·孔泽提供）

营、坦克和重炮。因此，当隆隆炮声在2月的一个冰冷早晨响起时，便不足为奇了。

迄今为止，在这个不败的地区发生的一切简直就是地狱。即使堑壕里身经百战的战士也从未遇到过如此凶猛的攻击。苏军发动了大规模进攻，兵力包括步兵12万至20万人、400辆坦克和120至150个炮兵连，这在东线是一个非同寻常的数字。德军的几个师能够承受如此压倒性的进攻几乎令人难以置信，但是敌人完全清楚这一事实。更重要的是，由于徒劳地尝试在同一地区突破，部队和物资损失惨重，这给苏军上了一课，即尽管他们己方的部队拥有巨大优势，但守军仍将坚守阵地。布尔什维克的目标是在同一地区从北到南的钳形作战中分割包围奥廖尔，这促使他们部署了上述巨大的人力和物力资源。从这场杀戮的最初几个小时起，我们就意识到，必须要保卫奥廖尔这个至关重要的堡垒，它是整个战线最东面的要地。我们也意识到，自己可能会遭遇与在斯大林格勒的勇敢战友相同的命运。

除了在博尔霍夫（Bolkhov）和波内里设有攻击点的南北钳形夹击外，苏联还在日兹德拉（Zhizdra）西面的布良斯克方向和利戈夫部署了两支突击部队。此外，戈梅利的卡拉切夫（Karachev）森林地区是一片500千米宽的巨大沼泽地，在冬季是完全无法穿越的，森林里还有数千苏联游击队和正规的空降部队。其他所有补充物资的部署都遭到了土匪抢劫，我们所能做的就是在阵地上坚持到底。我们的战法毋庸置疑，我们的立场非常明确，我们仅有的生存机会就是自卫。对于那些没有什么可失去的人来说，这是一场苦战。正是这种可怕的意识让当时的一切变得非常轻松。许多士兵迈向死亡的时候，苍白的脸上带着微笑。

2月23日： 迫击炮和重炮的弹幕射击已经开始，覆盖了德军的多处阵地和防御工事。轰炸机沿着战壕投落成排的炸弹，此外，对地攻击机就在战场上空俯冲，用机载机枪瞄准我们射击。

然后第一波布尔什维克步兵和坦克开始涌入。这既可怕又独特。但是我们不应当谈论这些。我们用孤注一掷的勇气来自卫，就像熟练的工匠一样使用武器。

看起来一切都无济于事。我们的阵地和一切在寒冬里移动或探出地面的东西不断遭到猛烈攻击。无处不在的战斗机太凶残了，成群结队地飞行，就像白色的、笨重的"死亡之鸟"，它们的机枪就在主战线上空哒哒作响。坦克太多，步兵也太多：

在进攻的头几天即投入了7个步兵师和4个坦克旅！敌人成功取得突破，部署了步兵，后来又部署了新的坦克旅。在最初5天，121辆坦克被摧毁，但第二天又部署了80辆新坦克！恶劣的天气条件让我们德国空军难以部署。损失惨重。每一天都会有新的危机出现，我们只有付出超出我们人力和血汗的努力，才能克服危机。

3月1日—6日： 3月的这头几天，我们转移到南部地区，那里正在形成一个新的焦点。敌人在库尔斯克和奥廖尔之间的地区部署了4个集团军和1个空军集团军。他们一次又一次地想要突破我们右翼被歼灭的几个师中的缺口，迂回我们的整个南翼。战斗现在已经达到高潮。自2月底攻势开始以来，敌军已阵亡3.5万人、280辆坦克被摧毁、140架飞机被击落。

尽管遭受如此巨大的损失，敌人的战斗精神仍未减弱。他们的进攻指向西面。我们继续在奥廖尔西南和北方击退他们的部队。在这中间，敌人用他们的机械化师和坦克攻打我们的侧翼。与此同时，他们在另外三座阵地部署了强大的部队：奥廖尔东南方，最靠近城市的位置，日兹德拉地区北面，以及我们的西面。所有进攻都得到重炮支援，更不用提无数的坦克了。

3月7日： 我们摧毁了90辆重型坦克中的77辆。战斗以令人难以置信的烈度持续到3月10日，双方都损失惨重。局势愈发岌岌可危。我们的弹药和粮食补给正在耗尽——最重要的补给线有的受到威胁，有的遭到敌人猛烈攻击。我们得出了一个痛苦的结论，这可能就是结局。再过两天，一切都会结束。

3月12日： 奇迹发生了。上午通常会进行的苏军大举进攻没有出现。尽管仍有许多金属在四处飞扬，但与前几天相比微不足道。然而，我们很久以前就不再相信奇迹了，怀疑这次没有大举进攻背后暗藏着某种阴谋。我们的感官变得更加敏锐，准备迎接下一次进攻。但无论到晚上还是第二天，情况都没有变化。我们接到消息，说我们的部队在哈尔科夫发动了反击，这很可能是苏军作战行动数量突然减少这一奇迹背后的原因。该地区仍有许多敌军部队正面临着新的现实条件。他们的战役目标现在岌岌可危，他们感到担忧。奥廖尔战役结束了。

　　第二个可怕的东线冬季之后，是一个阳光明媚的早春。战壕里满是融化了的雪水在流动，我们怀着感激之情，从战壕里抬起头来，望向那明亮蔚蓝的天空。天空中央闪耀的太阳象征着我们必胜的信心。我们一定会胜利的！

　　春天到来的速度比我们预料得快。最后一场雪几周前就融化了。由于夏季的炎热和干燥，整个野外遍布的泥浆在几天内就消失了。在前线，我们再度成为命运的主宰。一个排又一个排的士兵在公路上乘车行动，坦克、突击炮、迫击炮和长管火炮行动掀起了浓厚的尘云。这又像是一次重大攻势。几周后，我们将发起进攻。我们？我不相信。我猜我们稍后将被整编，然后部署到前线战斗。但是让我们拭目以待吧。

　　第一批战友已经离开休假去了，过几个星期就轮到我了。现在，我再度被一种可怕的感觉压倒，在我行将让诸多幸福梦想成真之时，我突然觉得自己可能会发生什么意外。持续的牙痛、头痛或腹泻——突然间一切都变得极其重要。反复出现的问题是：我希望我不会病倒。这几天我心情不好！

　　过去这几天时间里，我们的空军和敌方空军一直非常活跃。数十架轰炸机或战斗机昼夜不停地在空中飞行。这一直是一个能说明问题的信号：当"死亡之鸟"（Totenvögel）四处乱窜时，我们或敌人就正在策划大事。这就像是前线士兵的电影院。但是这场电影并非没有危险。

　　5月6日：今天活动频繁。黎明时分，一个苏军轰炸机中队飞临我们的前线。突然他们急转弯，俯冲下来，高速逼近我们的阵地。根据经验判断，他们现在应该打开弹舱，死亡应该开始降临到我们身上。然而什么都没发生。相反，我们现在听见德国战斗机熟悉的呼啸声。我们靠着堑壕壁，看着在晴朗的早晨展开的空战，德国战斗机在那里为生死而战。急转、规避机动和射击已经开始。我们的战斗机向速度较慢的苏军轰炸机俯冲。轰炸机上的枪炮手正在努力将其击落。机枪和机炮射击的枪口和炮口火光在空中闪烁。我们的战斗机正在进攻，然后在发动机的呼啸声中再度急升，从而取得敌军轰炸机的顶部位置。一架苏军轰炸机在空中开始翻滚，右翼下落，然后旋转着栽向地面，在明亮的火焰中爆炸了。接下来的三分钟内，又有4架苏联轰炸机遭遇了同样的命运。这一天，74架苏军飞机在我们所属地区被击落。

昨天，我们的第一批"虎"式坦克抵达，就在我们所在分区的后面一条宽阔战线上就位。这让我们感到安心，因为红军也在另一边集结他们的坦克部队。前线布满了各种口径和规模的反坦克炮。

冬季结束了，我们安静而自信，太阳只属于我们。

编者注：

当汉斯·罗特的第三本，也是最后一本日记结束时，他离休假还有几周的时间，因此他可能错过了1943年7月5日开始的库尔斯克战役的最高潮。在库尔斯克，发生了史上规模最大的坦克战，多达200万人参战，苏军最终证明了他们能够抵御德军的顺风攻势。从那时起，苏军掌握了东线的战略主动权，而德军只能尝试延迟他们对欧洲的反入侵，同时要设法阻止西方盟军从海上入侵德国占领区。汉斯·罗特的第三本日记在1943年5月结束，他在此后的军事经历就不得而知了，但是他去世时可能正在写第四本日记，命运有非常微小的可能性会让这本日记出现。

正如下面几页的文件所证明的那样，文献记录他此后多活了一年。1944年6月25日，德国陆军总司令部（OKH）向他的妻子萝泽尔发出正式通知，称他失踪了。

当时，第299步兵师在维捷布斯克（Vitebsk）市东南的中央集团军群前线。前一年的战斗主要在南线发生，德军预计苏军的新一轮攻势会从那里进行。然而，由于获得了西方输送的机动车辆和其他物资补给，苏军利用其更优越的机动性，秘密将他们的推进轴线转移到了东线中央。

1944年6月22日，即德军入侵苏联三周年之际，苏军发动了巴格拉季昂战役，这是一场宏大的突然袭击，使对方战线崩溃。在德国历史上，这场灾难被简称为"中央集团军群的崩溃"。中央战线的50万德军，在面对250万苏军进攻时损失了35万人。

第299步兵师是首批被苏联大军击中的德军部队之一，且一触即溃。汉斯·罗特在战争中多次死里逃生后，最终显然被迫向命运屈服。德国陆军总司令部寄给萝泽尔的正式通知称，截至1944年6月25日，他失踪了。

篇末文档

```
Oberkommando des Heeres          (15) Rudolstadt/Thür.,den     12. 2.  1945
  (Chef H Rüst u BdE)                  Prinz-Eugen-Kaserne
AHA/Abwicklungsstab                    Telefon 754-756
Xau Sachgebiet: 299
  Frau R. R o t h
  (16) Frankfurt/M I, Samoaweg 2o

     Der Abschluß der Ermittlungen über das Schicksal Ihres Ehemannes,
  des Feldwebel Johann-Wolfgang Roth, geb.28.8.12,
  Div.Stab 299, Fp.Nr. oo 31o

hat keine restlose Klarheit erbracht. Er ist seit den Kämpfen

                    südwestl.Witebsk am 25.6.44

  vermißt.

       Ich bedauere es tief, daß ich nicht in der Lage bin, Ihnen
  eine tröstende Gewißheit zu verschaffen, will aber mit Ihnen hof-
  fen, daß Ihr      Ehemann      noch gesund und glücklich heim-
  kehren wird.

                              Heil Hitler !
                              Im Auftrage

                                Michel

                              Hauptmann und Sachbearbeiter
  Form 20a
```

▲ 德国陆军给萝泽尔的正式通知，描述截至1944年6月25日，她的丈夫在维捷布斯克西南失踪的情况。电文结尾祝他身体健康，最终能平安归来，但是对于阅读汉斯·罗特日记的人来说，他是否被俘还是个疑问。

▲ 德国红十字会在战后发出的通知，通知萝泽尔，他们没有关于她丈夫的进一步信息。

▲ 1950年10月，联邦共和国（Bundesrepublik）发给萝泽尔的另一份官方通知，证实她的丈夫汉斯·罗特已在战争中丧生。

深入阅读

编者们参考了大量已出版的著作，以解释汉斯·罗特原始日记的背景。其中包括：

Careell, Paul.《希特勒东进，1941年—1943年》（Hitler Moves East, 1941–1943）. Winnipeg, CA: J.J. Fedorowicz Publishing, 1991.

Einseidel, Heinrich, Graf von.《突击：德军向斯大林格勒推进》（The Onslaught: The German Drive to Stalingrad）.(Foreword by Max Hastings.) New York: W.W. Norton & Co., 1984.

Glantz, David M.《哈尔科夫1942：军事灾难剖析》Kharkov 1942: Anatomy of a Military Disaster. Rockville Centre, NY: Sarpedon Publishers, 1998.

Guderian, Heinz.《装甲兵指挥官》（Panzer Leader）. New York: E.P. Dutton & Co., 1952.

Hoyt, Edwin P.《希特勒的战争》（Hitler's War）. New York: McGraw Hill, 1979.

Lemay, Benoit.《埃里希-冯-曼施坦因：希特勒的战略大师》Erich von Manstein: Hitler's Master Strategist. Philadelphia: Casemate Publishers, 2010.

Manstein, Erich von.《失去的胜利》（Lost Victories）. Novato, CA: Presidio Press, 1982.

Meyer, Kurt.《掷弹兵》（Grenadiers）. Winnipeg, CA: J.J. Fedorowiz, 1994.

Mitcham, Samuel W., Jr.《"巴巴罗萨"之人：1941年德军入侵苏联的指挥官》（The Men of Barbarossa: Commanders of the German Invasion of Russia, 1941）. Philadelphia: Casemate Publishers, 2009.

Niepold, Gerd.《白俄罗斯战役：1944年6月，中央集团军群的覆灭》（Battle for White Russia: The Destruction of Army Group Centre, June 1944. ）London: Brassey's, 1987.

Seaton, Albert.《莫斯科战役》（The Battle for Moscow）. New York: Sarpedon Publishers, 1993. Warlimont, Walter. Inside Hitler's Headquarters, 1939–45. Novato, CA: Presidio Press, 1990.

Zhukov, Georgi K.《朱可夫元帅的历次大战役》（哈里森·索尔兹伯里辑注）Marshal Zhukov's Greatest Battles. (Ed. and with commentary by Harrison Salisbury.) New York: Harper & Row, 1969.

德国人眼中的斯大林格勒战役

第六集团军之死

从数千万封国防军家书中
探寻一段不堪的过往

斯大林格勒战役是近代历史上最血腥的战役,苏军付出了空前沉重的代价保卫家园,而德军同样损失惨烈,却不得不在希特勒的命令下坚持。最终的伤亡数字如此可怕,他们究竟是怎样一步一步走到如此境地的?

乔纳森·特里格通过亲历者的口述,揭示了一个个惨痛数据背后,人类所面临的深重痛苦。